Riya Singhal
Vijay Khandal
Dilip Singh Sisodia

Estudo exaustivo e avaliação de protocolos de encaminhamento de MANET

Riya Singhal
Vijay Khandal
Dilip Singh Sisodia

Estudo exaustivo e avaliação de protocolos de encaminhamento de MANET

Análise de desempenho simulada com NS-2

ScienciaScripts

Imprint

Any brand names and product names mentioned in this book are subject to trademark, brand or patent protection and are trademarks or registered trademarks of their respective holders. The use of brand names, product names, common names, trade names, product descriptions etc. even without a particular marking in this work is in no way to be construed to mean that such names may be regarded as unrestricted in respect of trademark and brand protection legislation and could thus be used by anyone.

Cover image: www.ingimage.com

This book is a translation from the original published under ISBN 978-620-2-06576-4.

Publisher:
Sciencia Scripts
is a trademark of
Dodo Books Indian Ocean Ltd. and OmniScriptum S.R.L publishing group

120 High Road, East Finchley, London, N2 9ED, United Kingdom
Str. Armeneasca 28/1, office 1, Chisinau MD-2012, Republic of Moldova, Europe
Printed at: see last page
ISBN: 978-620-7-86780-6

Índice

Prefácio

Uma rede ad hoc móvel (MANET) é uma rede de routers ou hosts móveis formada pela união de uma topologia arbitrária que está ligada por ligações sem fios e que se configura por si própria. Os routers movem-se livremente e organizam-se de forma aleatória; assim, a topologia é muito incerta. O maior desafio na implementação de protocolos de encaminhamento é encontrar rotas eficientes entre os nós em comunicação. Este livro aborda os diferentes protocolos de encaminhamento proactivos, reactivos e híbridos das MANET. Incluindo o vetor de distância sequenciado por distância (DSDV), o optimized link state routing (OLSR), o fisheye state Routing (FSR), o vetor de distância Ad-hoc on-demand (AODV), o vetor de distância multipath (AOMDV), o Dynamic Source Routing (DSR) e o protocolo de encaminhamento por zona (ZRP). Os desempenhos dos protocolos são analisados com o aumento do número de nós e a variação da velocidade dos nós com diferentes métricas de desempenho, tais como a taxa de entrega de pacotes, a taxa de transferência, a sobrecarga de encaminhamento e a entrega de ponta a ponta. A análise comparativa do desempenho simulado foi efectuada utilizando a ferramenta de simulação de redes NS2 e o modelo de pontos de passagem aleatórios.

Reconhecimento

Em primeiro lugar, gostaríamos de agradecer a Deus todo-poderoso, pois sem as suas bênçãos a conclusão deste trabalho não teria sido possível. Expressamos o nosso profundo sentimento de gratidão ao Instituto Nacional de Tecnologia de Raipur por nos ter proporcionado o tempo e o apoio necessários para concluir este livro. Sem o apoio e o incentivo do NIT Raipur, o processamento deste trabalho não teria tomado a forma atual. Estamos muito gratos aos colegas e amigos do Departamento de Informática e Engenharia pela sua valiosa orientação, sugestões úteis, discussões críticas e críticas construtivas durante a preparação deste manuscrito.

Por último, os nossos sinceros agradecimentos a todos os que nos apoiaram direta ou indiretamente para a realização desta tarefa.

CAPÍTULO 1

INTRODUÇÃO

1.1   VISÃO GERAL

Uma rede é definida como a partilha de informações por vários grupos de pessoas, sistemas ou organizações para fins comerciais. Na terminologia informática, a definição de redes é semelhante a um grupo de computadores ligados logicamente para a partilha de informações ou serviços (como serviços de impressão, multitarefas, etc.). Inicialmente, as redes informáticas eram utilizadas para partilhar ficheiros e impressoras, mas mais tarde passaram a ser utilizadas para a partilha de aplicações e de lógica empresarial. Tenenbaum[1] define as redes informáticas como um sistema de comunicação entre computadores. Estas redes podem ser fixas (permanentes por cabo) ou temporárias. Uma rede pode ser caracterizada como com ou sem fios. A rede sem fios não necessita de conetividade física, ao contrário da rede com fios.

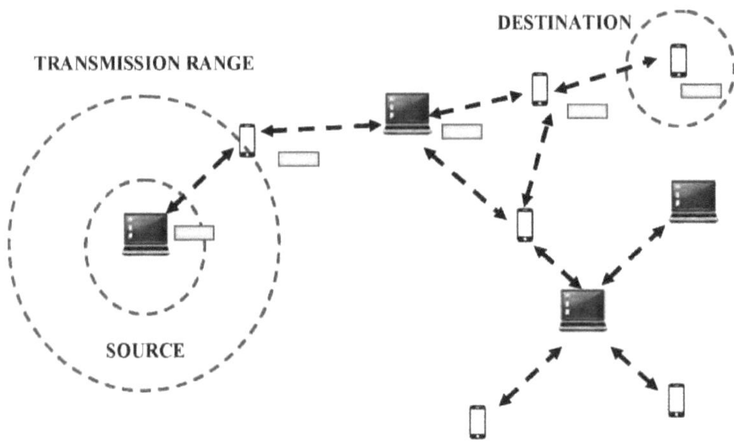

Figura 1: Funcionamento das MANET [5].

O encaminhamento é uma atividade ou uma função que liga a origem ao destino nas redes de telecomunicações e desempenha também um papel importante na arquitetura, conceção e funcionamento das redes. As redes ad-hoc são redes sem fios em que os nós comunicam entre si através de ligações multi-hop. Não existe uma infraestrutura fixa ou uma estação de base para a comunicação, uma vez que a topologia da rede está em constante mudança devido a um elevado grau de mobilidade dos nós. A rede sem fios mantém a conetividade dos nós num ambiente móvel. Numa rede sem fios ad-hoc, os nós funcionam como anfitrião e encaminhador, e o controlo da rede é distribuído pelos nós sem qualquer controlo centralizado. Devido à mobilidade dos nós, a topologia é dinâmica. Além disso, as redes móveis sem fios têm uma elevada taxa de erro, restrições de energia e limitações de largura de banda [2].

1.2 MANET

As redes Ad Hoc móveis (MANET) ajudam todos os nós na topologia da rede a comunicar. Não existe uma autoridade centralizada; cada nó pode funcionar como um encaminhador ou um anfitrião. Este facto confere às MANET duas das suas características mais desejáveis: adaptabilidade e rapidez de implementação. É uma rede auto-organizável.

Algumas aplicações da tecnologia MANET podem incluir aplicações industriais e comerciais que envolvem o intercâmbio cooperativo de dados móveis [16]. Além disso, as redes móveis baseadas em malhas podem funcionar como alternativas robustas e pouco dispendiosas ou melhorar as infra-estruturas de redes móveis baseadas em células. Quando combinadas com o fornecimento de informações por satélite, constituem um método extremamente flexível de estabelecer comunicações para operações de combate a incêndios/segurança/resgate ou outros cenários que exijam comunicações com redes dinâmicas eficientes e com capacidade de sobrevivência.

As MANET têm as seguintes características:

1) Sem sistema centralizado- Nas MANETs, não existe uma autoridade central. Nenhum servidor central é responsável pelas operações da rede. Os próprios nós são responsáveis por todas as operações. Os nós devem cooperar com outros e comunicar para efetuar operações de rede, como o encaminhamento.

2) Encaminhamento multi-hop - Os nós podem enviar uma mensagem a outros nós que não estão ao seu alcance ou que não estão diretamente ligados. Isto é feito com a ajuda de nós intermédios.

3) Topologia dinâmica - Os nós são livres de se deslocarem para qualquer sítio, quando e onde quiserem, e são também livres de alterar as suas velocidades. Por conseguinte, a topologia da rede muda aleatoriamente e em alturas incertas.

4) Terminais leves - A maioria dos nós MANET são telemóveis com menor capacidade de unidade central de processamento (CPU), armazenamento de baixa potência e memória de pequena dimensão.

5) Meio físico partilhado - O meio de comunicação das MANET está disponível para qualquer indivíduo se este possuir o equipamento e os recursos necessários.

1.3 Classificação

O protocolo de encaminhamento das MANET pode ser classificado de muitas formas, mas a maior parte delas depende da estratégia de encaminhamento e da estrutura da rede [3, 4].

De acordo com a estratégia de encaminhamento, os protocolos de encaminhamento podem ser classificados como:

1. Orientado para a mesa

2. Fonte iniciada

Com base na estrutura da rede, estas são classificadas como:

1.   Encaminhamento plano

2.   Encaminhamento hierárquico

Tanto os protocolos orientados para a tabela como os iniciados pela fonte são abrangidos pelo encaminhamento plano, como mostra a figura 2.

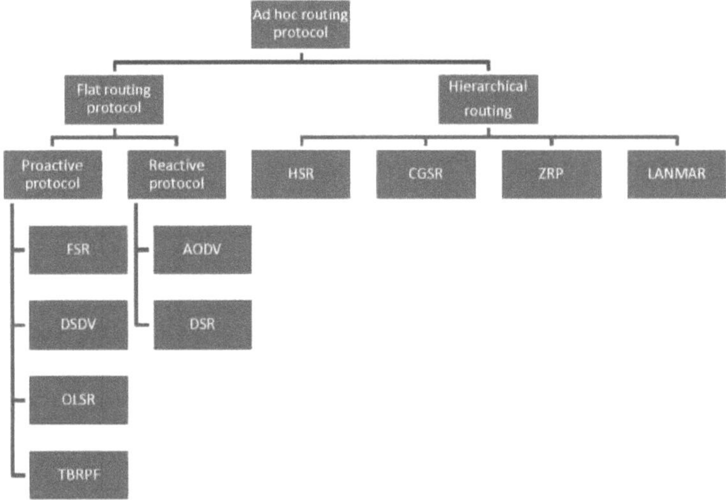

1.3.1 Protocolos proactivos

Nos protocolos de encaminhamento proactivos, os nós armazenam informações em tabelas e, se ocorrerem alterações na topologia da rede, as tabelas devem ser actualizadas de acordo com as alterações ocorridas. Os nós trocam informações sobre a topologia, pelo que dispõem de informações sobre a rota sempre que necessário. Não há descoberta de rota com a procura de uma nova rota. Gera um custo fixo, ao contrário dos protocolos reactivos. São também o protocolo de caminho mais curto e, devido à atualização periódica, resultam num elevado atraso associado à sobrecarga de encaminhamento.

1) Dynamic Destination-Sequenced Distance Vetor Routing Protocol (DSDV) - No Destination-Sequenced Distance Vetor routing (DSDV) [15], cada nó tem uma tabela de encaminhamento que contém todos os destinos disponíveis e o número de saltos para cada um deles. Cada tabela tem um número de sequência que é dado pelo nó de destino. Ao utilizar este número de sequência, são resolvidos vários problemas de encaminhamento por vetor de distância em redes com fios, ou seja, contagem até ao infinito. A topologia é dinâmica. Está sempre a mudar. Se houver alguma alteração significativa nas informações de encaminhamento, as actualizações são transmitidas imediatamente. Estas actualizações são periódicas ou orientadas por eventos. As actualizações de encaminhamento ocorrem de duas formas: uma é designada por "despejo completo" e a outra por "incremental". Numa descarga completa, toda a tabela de encaminhamento é enviada para os vizinhos e, numa atualização incremental, apenas as entradas que requerem alterações são enviadas para atualização.

2) Protocolo de encaminhamento sem fios (WRP) - O WRP[43] pertence à classe geral dos algoritmos de determinação do caminho [44], definidos como o conjunto de algoritmos distribuídos do caminho mais curto que calculam os caminhos utilizando informações sobre o comprimento e o penúltimo salto do caminho mais curto para cada destino. O WRP reduz o número de casos em que pode ocorrer um loop de encaminhamento temporário. Para o encaminhamento, cada nó mantém quatro coisas:

1. Um quadro de distâncias

2. Uma tabela de encaminhamento

3. Uma tabela de custos de ligação

4. Uma lista de retransmissão de mensagens (LMR)

O WRP utiliza transmissões periódicas de mensagens de atualização para os vizinhos de um nó. Os nós na lista de resposta da mensagem de atualização (que é formada utilizando a LMR) devem enviar confirmações. Se não houver alterações em relação à última atualização, os nós na lista de resposta devem enviar uma mensagem Hello inativa para garantir a conetividade. Um nó pode decidir se actualiza a sua tabela de encaminhamento depois de receber uma mensagem de atualização de um vizinho e procura sempre um caminho melhor utilizando a nova informação. Se um nó 5 obtém um caminho melhor, retransmite essa informação aos nós originais para que estes possam atualizar as suas tabelas. Depois de receber o aviso de receção, o nó original actualiza a sua LMR. Assim, cada nó verifica a consistência da informação de encaminhamento neste protocolo, o que ajuda a eliminar os loops de encaminhamento e tenta sempre encontrar a melhor solução para o encaminhamento na rede.

3) Cluster Gateway Switch Routing Protocol (CGSR) - O CGSR [45] considera uma rede móvel sem fios agrupada em vez de uma rede "plana" [44]. Para estruturar a rede em grupos separados mas inter-relacionados, os chefes de agrupamento são eleitos utilizando um algoritmo de seleção de chefes de agrupamento. Ao formar vários clusters, este protocolo consegue um mecanismo de processamento distribuído na rede. No entanto, um dos inconvenientes deste protocolo é que a mudança ou seleção frequente dos chefes de agrupamento pode exigir muitos recursos e afetar o desempenho do encaminhamento. O CGSR utiliza o protocolo DSDV como esquema de encaminhamento subjacente e, por conseguinte, tem a mesma sobrecarga que o DSDV. No entanto, modifica o DSDV utilizando uma abordagem hierárquica de encaminhamento cluster-head-to-gateway para encaminhar o tráfego da origem para o destino. Os nós de gateway são nós que se encontram dentro dos intervalos de comunicação de dois ou mais cluster heads. Um pacote enviado por um nó é primeiro enviado para o seu chefe de agrupamento e, em seguida, o pacote é enviado do chefe de agrupamento para um gateway para outro chefe de agrupamento, e assim por diante até que o chefe de agrupamento do nó de destino seja alcançado. O pacote é então transmitido para o destino a partir da sua cabeça de agrupamento.

4) Global State Routing (GSR) - No protocolo GSR [6], durante a troca de informações de encaminhamento, os nós trocam vectores de estados de ligação entre os seus vizinhos. Com base nos vectores de estado das ligações, os nós mantêm um conhecimento global da topologia da rede e optimizam localmente as suas decisões de encaminhamento. Este protocolo é semelhante ao DSDV; evita a inundação de mensagens de encaminhamento, melhorando assim o DSDV.

5) Fisheye State Routing (FSR) - O FSR[31] baseia-se num mecanismo de atualização da base link-state. Neste protocolo, a quantidade de tráfego para transmitir as mensagens de atualização é reduzida. A ideia básica é que cada mensagem de atualização não contém informações sobre todos os nós. Em vez disso, contém informações actualizadas sobre os nós mais próximos com maior frequência do que sobre os nós mais distantes. Assim, cada nó pode ter informações exactas e precisas sobre os seus nós vizinhos. Utiliza uma estrutura especial da rede designada por "olho de peixe".

6) Hierarchical State Routing (HSR) - HSR [7], combina um esquema eficiente de gestão da localização com uma técnica dinâmica e distribuída de agrupamento hierárquico multinível. A rede é dividida em vários agrupamentos em que cada chefe de agrupamento eleito no nível inferior da hierarquia se torna membro do nível superior seguinte. Neste processo, cada chefe de agrupamento reúne as informações sobre o seu agrupamento e, utilizando gateways, transmite-as aos chefes de agrupamento vizinhos. Depois de executar o algoritmo em qualquer nível, qualquer nó pode transmitir as informações obtidas aos seus nós de nível inferior. Este protocolo é suficientemente eficiente para fornecer dados com êxito a qualquer parte da rede devido à estrutura hierárquica utilizada.

7) Source Tree Adaptive Routing (STAR) - O protocolo Source Tree Adaptive Routing (STAR) [8] utiliza uma abordagem de encaminhamento com menor sobrecarga (LORA) para trocar informações de encaminhamento, o que reduziu significativamente a sobrecarga de encaminhamento disseminada na rede. Também utiliza abordagens de encaminhamento óptimas (ORA), se necessário. Reduziu significativamente o consumo de largura de banda para actualizações de encaminhamento, uma vez que se adapta muito bem a grandes redes.

8) Distance Routing Effect Algorithm for Mobility (DREAM) - O DREAM [15] é um protocolo de encaminhamento baseado na localização. É um protocolo de encaminhamento multi-caminho, consciente da localização. Neste protocolo, cada nó conhece as suas coordenadas geográficas através de um Sistema de Posicionamento Global (GPS). As coordenadas são trocadas periodicamente entre cada nó e armazenadas numa tabela de encaminhamento. O consumo de largura de banda é menor, o que resulta numa boa escalabilidade deste protocolo, que tem a vantagem de trocar informações sobre a localização em comparação com as informações sobre o estado da ligação ou o vetor de distância, em que são trocadas informações completas

1.3.2 Protocolos de encaminhamento reactivos:

O protocolo reativo [6, 7] é outra abordagem. Ao contrário dos protocolos proactivos, cria rotas apenas quando desejado pelo nó de origem. O nó inicia um processo de descoberta de rota dentro da rede para encontrar o seu caminho para o destino.

1) Protocolo de encaminhamento Ad-Hoc On-Demand Distance Vetor (AODV) - O AODV [9] é um protocolo de encaminhamento reativo de caminho único. O ciclo pedido de rota (RREQ) - resposta de rota (RREP) é utilizado para a descoberta de rotas por difusão. Quando um nó de origem tem dados a enviar para um nó de destino e não conhece a rota para o nó de destino, envia um pacote de pedido de rota (RREQ) para toda a rede. Vários pacotes RREQ, cada um percorrendo um caminho diferente, chegarão ao destino. O nó de destino responde (pacote RREP) apenas ao primeiro pacote RREQ e rejeita os pacotes RREQ subsequentes com o mesmo número de sequência de origem e ID de difusão. O pacote RREQ que chegou mais cedo é suscetível de ter percorrido um caminho com baixo atraso e/ou contagem de saltos, pelo que o AODV se reduz a encontrar um caminho de peso mínimo entre a fonte e o destino, ao representar o peso de cada ligação na rede pelo atraso incorrido na ligação

2) Protocolo Dynamic Source Routing (DSR) - Este protocolo exige que cada pacote transmitido transporte o endereço completo da fonte para o destino, tal como o mecanismo utilizado no AODV. É semelhante ao AODV, mas utiliza o encaminhamento pela fonte em vez de se basear na tabela de encaminhamento em cada dispositivo intermédio. Utiliza o caminho de salto mais curto da fonte para o destino. Os vários caminhos para o destino são armazenados em cache. Utiliza apenas a rota sem verificar as propriedades de disjunção de nós ou de ligações. O DSR é um protocolo de encaminhamento de peso mínimo. A desvantagem deste protocolo é o facto de não reparar localmente uma ligação quebrada no mecanismo de manutenção da rota.

3) Temporally Ordered Routing Algorithm (TORA) - O TORA tenta alcançar um elevado grau de escalabilidade utilizando um algoritmo de encaminhamento "plano" e não hierárquico. O TORA [11] é um algoritmo de encaminhamento distribuído altamente adaptável, concebido para funcionar num ambiente de rede móvel altamente dinâmico. O conceito utilizado é o da "inversão de ligações". O protocolo foi especialmente concebido para localizar as reacções algorítmicas às alterações da topologia, mantendo várias rotas para o destino. Os caminhos de salto mais curto têm uma importância secundária e as rotas mais longas são frequentemente utilizadas para reduzir a sobrecarga de descoberta de rotas mais recentes. Assim, é escalável. Além disso, suporta multicasting, mas deve ser utilizado em conjunto com o algoritmo lightweight adaptive multicast (LAM) para suportar multicasting. A desvantagem deste protocolo é a produção de rotas inválidas temporárias, à semelhança do LMR. Desempenha 3 funções básicas: criação de rotas, manutenção de rotas e eliminação de rotas.

4) Associativity-Based Routing (ABR) - Neste caso, [12] a técnica query-reply é utilizada para determinar as rotas para os destinos. No entanto, no ABR, a seleção de rotas baseia-se principalmente na estabilidade. Para selecionar uma rota estável, cada nó mantém um registo de associatividade com os seus vizinhos e as ligações com um registo de associatividade mais elevado são seleccionadas de preferência às que têm um registo de associatividade mais baixo. A desvantagem é que não mantém múltiplas rotas ou uma cache de rotas, pelo que as rotas alternativas não estarão imediatamente disponíveis.

5) Cluster-Based Routing Protocol (CBRP) - O CBRP [47] é um protocolo de encaminhamento a pedido, em que os nós são divididos em clusters. Quando um nó surge na rede, tem o estado indeciso. A primeira tarefa deste nó é iniciar um temporizador e transmitir uma mensagem HELLO. Quando uma cabeça de cluster recebe esta mensagem HELLO, responde imediatamente com uma mensagem HELLO activada. Depois disso, quando o nó recebe esta resposta, muda o seu estado para o estado de membro. Mas quando o nó não recebe nenhuma mensagem de nenhum cluster-head, ele se torna um cluster-head, mas apenas quando tem uma ligação bidirecional com um ou mais nós vizinhos. Caso contrário, quando não tem ligação a nenhum outro nó, fica indeciso e repete o procedimento com o envio de uma mensagem HELLO novamente. Cada nó tem uma tabela de vizinhos. Para cada vizinho, o nó mantém o estado da ligação e o estado do vizinho na tabela de vizinhos. Um chefe de cluster mantém informações sobre todos os seus membros no mesmo cluster. Ele também tem uma tabela de adjacência de cluster, que fornece informações sobre os clusters vizinhos.

1.3.3 . Protocolo de encaminhamento híbrido

São propostos protocolos de encaminhamento híbridos para combinar os méritos dos protocolos de encaminhamento proactivos e reactivos e ultrapassar as suas deficiências.

1) Zone Routing Protocol (ZRP) - O protocolo de encaminhamento por zona é um protocolo de encaminhamento híbrido que combina eficazmente as melhores características do protocolo de encaminhamento proactivo e reativo [13, 14]. Cada nó define uma zona à sua volta e o raio da zona é o número de saltos para o perímetro da zona. A pesquisa global reactiva é feita de forma eficiente, consultando apenas um conjunto selecionado de nós na rede [15]. O número de nós consultados é da ordem de [r zona / r rede]2 do número de nós consultados usando um processo de inundação em toda a rede [13]. A menos que o raio da zona seja cuidadosamente escolhido, um nó pode estar em várias zonas e as zonas se sobrepõem.

2) Zone-Based Hierarchical Link State Routing Protocol (ZHLS) - No protocolo ZHLS [46], a rede é dividida em zonas não sobrepostas, como nas redes celulares. Cada nó conhece a conetividade do nó dentro da sua própria zona e a informação de conetividade da zona de toda a rede. O roteamento no estado do enlace é realizado empregando dois níveis: nível do nó e nível da zona global. O ZHLS não tem nenhum chefe de agrupamento na rede como outros protocolos de encaminhamento hierárquico. A informação topológica ao nível da zona é distribuída a todos os nós. Uma vez que apenas o ID da zona e o ID do nó de um destino são necessários para o encaminhamento, a rota de uma fonte para um destino é adaptável a mudanças na topologia. O ID da zona de destino é encontrado através do envio de um pedido de localização a todas as zonas.

Tabela 1: Comparação do protocolo de encaminhamento proactivo[15]

Parâmetro	DSDV	WRP	FSR	ESTRELA	OLSR
Encaminhamento Filosofia	Plano	Plano	Plano	Hierárquico	Plano
Multicast capacidade	Não	Não	Não	Não	Não
Número de Tabelas necessárias	Dois	Quatro	Três e um lista	Um e Cinco Listas	Três
Frequência atualização Transmissão	de Periodicamente, conforme necessário	Periodicamente, conforme necessário	Periódico Local	Condicional	Periódico
Vantagem	Sem laços	Sem laços	Reduzir	as Emprega	Reduzir as emissões de

Parâmetro					
			emissões de CO	LORA e ORA	CO e Ligação
Desvantagem	Elevado Despesas gerais	Alta MO	MO elevado, precisão reduzida	MO elevado, sobrecarga processamento	Conhecimento do vizinho de 2 saltos necessário

CO: Control Overhead, MO: Memory Overhead, LORA: Least overhead routing approach, ORA: optimum routing abordagem.

Os protocolos de encaminhamento pró-activos tendem a proporcionar uma latência inferior à dos protocolos a pedido, porque tentam manter sempre rotas para todos os nós da rede. Mas a desvantagem desses protocolos é a sobrecarga excessiva de roteamento transmitida, que é periódica por natureza, sem levar muito em conta a mobilidade ou a carga da rede.

Tabela 2: Comparação do protocolo de encaminhamento reativo[15]

Parâmetro	AODV	DSR	TORA	ABR	PFC
Métricas de encaminhamento	Fresco e caminho mais curto	caminho mais curto	caminho mais curto	caminho mais curto e associatividade mais forte	Primeiro disponível percurso
Rota Atualizado em	Tabela de rotas	Cache de rotas	Tabela de rotas	Tabela de rotas	Apenas os chefes de agrupamento trocam informações de encaminhamento.
Encaminhamento Reconfiguração Metodologia	Apagar rota, notificar curto	Apagar rota, notificar curto	Ligação Reversão & reparação de itinerários	Difusão localizada de consulta	Apagar rota, notificar curto
Sem laços	Sim	Sim	Sim	Sim	Rotas temporárias de encaminhamento
Várias rotas	Não	Sim	Sim	Não	Não
Vantagem	Adaptação a altas temperaturas, topologias dinâmicas, baixa sobrecarga	Múltiplas rotas, sem loops, sobrecarga promíscua	Várias rotas	Rota Estabilidade	Apenas os chefes de agrupamento trocam informações de encaminhamento
Desvantagem	Problema de escalabilidade, grandes atrasos, Olá	Problema de escalabilidade, grandes atrasos	Loops de encaminhamento temporários, em	Problema de escalabilidade, sobrecarga elevada,	Manutenção do cluster, loops temporários

| | geral | global |
| mensagens | complexidade | complexidade |

Os protocolos reactivos descobrem rotas apenas quando são necessárias; podem ainda gerar uma grande quantidade de tráfego quando a rede muda frequentemente. Dependendo da quantidade de tráfego na rede e do número de fluxos, os protocolos de encaminhamento podem ser escolhidos. Quando há congestionamento na rede devido a tráfego intenso, em geral, é preferível um protocolo reativo. Por vezes, a dimensão da rede pode ser um ponto importante.

Tabela 3: Comparação do protocolo de encaminhamento híbrido[15]

Parâmetro	ZRP	ZHLS
Sem laços	Sim	Sim
Filosofia de encaminhamento	Plano	Hierárquico

Os protocolos de encaminhamento híbridos consistem em utilizar um mecanismo de encaminhamento proactivo em algumas áreas da rede em determinados momentos e um encaminhamento reativo no resto da rede. As operações proactivas são limitadas a um pequeno domínio, a fim de reduzir as despesas gerais de controlo e os atrasos. Os protocolos de encaminhamento reativo são utilizados para localizar os nós fora deste domínio, uma vez que é mais eficiente em termos de largura de banda numa rede em constante mudança.

Tabela 4: Comparação entre protocolos híbridos proactivos e reactivos[15]

Classe de encaminhamento	Proactivo	Reativo
Disponibilidade da rota	Sempre disponível	Determinado quando necessário
Controlo do tráfego Volume	Normalmente elevado	Inferior a proactivo
Requisitos de armazenamento	Elevado	Depende do número de rotas mantidas ou necessárias. Normalmente inferior aos protocolos proactivos.
Nível de atraso	Pequeno, uma vez que as rotas são pré-determinadas	Mais elevado do que proactivo
Problema de escalabilidade	Normalmente até 100 nós	Protocolo de encaminhamento na origem até algumas centenas de nós. O protocolo de encaminhamento ponto a ponto pode ter uma escala superior.
Efeitos de manuseamento de mobilidade	Ocorrem em intervalos fixos. SONHO altera as actualizações periódicas com base na mobilidade.	Normalmente, as actualizações ABR introduzidas na LBQ (Local broadcast query) O AODV utiliza a descoberta de rotas locais
Apoio à segurança	Não	Não

Qualidade de	Principalmente o caminho mais curto como	Poucos podem suportar QoS, embora a maioria
	QoS	
apoio ao serviço	métrica	suportar o caminho mais curto

CAPÍTULO 2

TRABALHO RELACIONADO

2.1 Visão geral

Nesta secção, discutimos todos os trabalhos que estão relacionados com o nosso projeto. Muitos autores avaliaram vários protocolos de encaminhamento MANET com base em várias métricas de desempenho. Esta secção apresenta alguns desses trabalhos que são relevantes para o nosso trabalho.

2.2 . Trabalhos relacionados

Em [23], os autores compararam os protocolos de encaminhamento de redes móveis Ad-Hoc DSDV, AODV e DSR utilizando o simulador de rede NS2.34, no qual o desempenho dos três protocolos foi analisado em conjunto e também individualmente. A matriz de desempenho inclui PDR (Packet Delivery Ratio), Throughput, End to End Delay, Routing overhead avaliados por alterações do tamanho do pacote quando o intervalo de tempo entre o envio do pacote muda quando a mobilidade dos nós muda. Concluíram que o desempenho do protocolo DSDV não é bom, uma vez que a taxa de transferência é muito baixa e a carga de encaminhamento é muito elevada em comparação com os protocolos AODV e DSR. O AODV teve um bom desempenho em algumas situações do que o protocolo DSR, mas, em geral, o DSR tem um desempenho melhor do que o protocolo AODV, por exemplo, se compararmos o atraso médio de extremo a extremo. Não há qualquer efeito no desempenho do protocolo DSDV se o tamanho do pacote variar. Os protocolos AODV e DSR têm um melhor desempenho com um tamanho de pacote menor. O desempenho dos três protocolos diminui à medida que a mobilidade dos nós aumenta, segundo os autores [25]. Nesta comparação, foi feito um estudo sobre o número de saltos por rota, o tempo de descoberta do encaminhador, o débito e o atraso extremo-a-extremo. Os resultados da simulação mostram que o DSR parece ser muito mais adequado para redes mais pequenas de carga elevada com um pedido de tabela num protocolo orientado por tabela como o AODV. O DSR tem um desempenho superior ao do AODV, enquanto o DSR mantém a sua baixa sobrecarga mesmo na presença de uma elevada taxa de mobilidade.

Em [25], os autores compararam o AODV, o DSR e o ZRP. O desempenho dos três protocolos de roteamento é analisado em relação ao Atraso Médio Final, Jitter Médio, Throughput Médio, Carga de Roteamento Normalizada (NRL) e

Fração de entrega de pacotes (PDF). Concluíram que o AODV tem um bom desempenho em todos os parâmetros. O atraso médio de fim-de-fim é o menor para o DSDV e não se altera com o aumento do número de nós. Assim, o AODV é viável para as MANET, embora o NRL do AODV e o DSDV tenham o mesmo desempenho à medida que o número de nós aumenta. A partir dos resultados da simulação, observaram que o ZRP tem um desempenho fraco em PDF e que a frequência dos pacotes recebidos é muito baixa.

Em [24], os autores compararam o AODV, o DSR e o OLSR em simulação, emulação e no mundo real. Os autores compararam o desempenho destes protocolos com base na PDR, latência, taxa de transferência e contagem de saltos. O autor constatou que o DSR é eficiente em relação à contagem de saltos porque tem encurtamento automático de rotas e, portanto, avalia o encaminhamento de cada pacote. A natureza proactiva do OLSR faz com que este converja sempre para as rotas mais curtas, mas até à convergência, existe a possibilidade de um encaminhamento não ótimo [26]. O AODV utiliza frequentemente rotas não óptimas porque não dispõe de um mecanismo dedicado de otimização e utiliza a mesma rota até à sua rutura. Concluíram que o DSR é o protocolo mais eficiente no que respeita ao encaminhamento pelo caminho mais curto [24]. Concluíram também que os resultados da simulação não podem ser validados sem testes no mundo real.

Em [26], os autores efectuaram uma análise exaustiva dos protocolos de encaminhamento DSDV, DSR e AODV de redes ad-hoc utilizando o NS-2. As métricas de desempenho utilizadas foram o número de nós vs. taxa de transferência, o número de nós vs. queda de pacotes, o atraso de propagação de pacotes vs. tempo e a taxa de transferência vs. tempo e também investigaram o melhor protocolo de encaminhamento com ambiente de simulação. Verificaram que, para um pacote recebido, o DSR é superior ao DSDV e ao AODV.

Em [27], os autores fizeram um estudo comparativo dos protocolos de encaminhamento AODV e DSR utilizando o PDR (Packet Delivery Ratio) em função da velocidade dos nós e do tempo de pausa. Ambos os protocolos apresentaram variação na perda de pacotes com o aumento da velocidade e do tempo de pausa. Concluíram que o DSR tem um desempenho superior ao do AODV.

Em [37], os autores tentaram comparar o desempenho de dois importantes protocolos de encaminhamento reativo a pedido: DSR e AODV, juntamente com o protocolo DSDV proactivo tradicional. É utilizado um modelo de simulação com modelos das camadas MAC e física para estudar as interacções entre camadas e as suas implicações em termos de desempenho. Os protocolos a pedido, AODV e DSR, têm melhor desempenho do que o protocolo DSDV baseado em tabelas. Observaram que, no que se refere à fração de entrega de pacotes e ao atraso, o AODV supera o DSR em situações de maior "stress" (ou seja, um número mais reduzido de nós com menor mobilidade de carga), com diferenças de desempenho cada vez maiores com o aumento do stress (por exemplo, mais carga, maior mobilidade). No entanto, o DSR gera consistentemente menos carga de encaminhamento do que o AODV.

Em [38], os autores apresentam uma avaliação de desempenho de três diferentes protocolos de encaminhamento (AODV, DSR e ZRP) em tempos de pausa variáveis. Eles usaram o QualNet Simulator [1] da Scalable Networks para realizar as simulações. As métricas de desempenho utilizadas foram o atraso médio de extremo a extremo, a contagem de saltos baseada em TTL e o rácio de entrega de pacotes. O AODV apresenta os melhores resultados na medição do atraso de extremo a extremo e do rácio de entrega de pacotes. O AODV entrega quase 90 por cento dos pacotes transmitidos, enquanto o DSR tem o melhor desempenho com um número mínimo de saltos na comparação da contagem de saltos baseada em TTL.

Em [39], os autores compararam as características dos protocolos de encaminhamento ad hoc OLSR, AODV e TORA com base nas métricas de desempenho, como a taxa de entrega de pacotes, o atraso de extremo a extremo e a sobrecarga de encaminhamento, aumentando o número de nós na rede. O estudo destes protocolos de encaminhamento mostra que o OLSR é mais eficiente em redes de alta densidade com tráfego altamente esporádico. O OLSR exige que a rede disponha continuamente de alguma largura de banda para receber as mensagens de atualização da topologia. Além disso, o AODV continua a melhorar o rácio de entrega de pacotes em redes densas. O desempenho de todos os protocolos foi quase estável em meios esparsos com pouco tráfego. O TORA tem um desempenho muito melhor na entrega de pacotes devido à seleção das melhores rotas utilizando o gráfico acíclico. Concluiu-se que o desempenho do TORA é melhor em redes densas. O AODV é melhor para redes moderadamente densas, enquanto o OLSR tem um bom desempenho em redes esparsas.

Em [40], os autores fizeram um estudo exaustivo de simulação dos protocolos de encaminhamento AODV, DSDV e ZRP em diferentes cenários de mobilidade gerados pelo modelo Random Waypoint. O desempenho dos três protocolos de encaminhamento é analisado no que diz respeito ao atraso médio de fim-de-fim, ao jitter médio, à taxa de transferência média, à carga de encaminhamento normalizada (NRL) e à fração de entrega de pacotes (PDF). Os resultados provaram que, em geral, o AODV tem um bom desempenho em todos os parâmetros. O atraso médio de ponta a ponta é o menor para o DSDV e não se altera com o aumento do número de nós. Assim, verificamos que o AODV é viável para as MANET, embora o NRL do AODV e o DSDV tenham o mesmo desempenho à medida que o número de nós aumenta. A partir dos resultados da simulação, observaram que o ZRP tem um desempenho fraco em PDF e que a frequência dos pacotes recebidos é muito baixa. O AODV é o mais prometedor.

Em [41], os autores avaliaram a comparação de desempenho baseada em simulação e análise de protocolos de encaminhamento reactivos e híbridos. Utilizaram como métrica de desempenho para a simulação o número de saltos, o número de rotas seleccionadas, os pacotes RREQ reencaminhados, os pacotes RREP recebidos e o número de pacotes/mensagens de atualização recebidos pelos protocolos de encaminhamento acima referidos, utilizando o simulador QualNet 5.0. A sua avaliação mostra que o número de rotas possíveis seleccionadas é bastante inferior no caso do AODV em comparação com o DSR. Isto significa que, ao utilizar o DSR, temos mais caminhos redundantes. A contagem de saltos para uma rota foi bastante inferior no caso do AODV em comparação com o DSR, o que indica que era menos propenso ao congestionamento da rede. O congestionamento devido à resposta à rota foi maior no AODV do que no DSR. O número de mensagens de erro de rota foi bastante elevado no caso do AODV, o que significa que, em determinadas condições, havia mais probabilidades de erro no AODV do que no DSR. O ZRP não esteve à altura da tarefa e teve um desempenho medíocre em todas as sequências de simulação, pelo que se colocou fora da competição. O AODV teve um bom desempenho na maioria dos tamanhos de rede (melhor do que o ZRP).

CAPÍTULO 3

PROTOCOLOS DE ENCAMINHAMENTO

3.1 Visão geral

Esta secção contém uma descrição detalhada dos protocolos utilizados na nossa experiência. Foram considerados vários protocolos proactivos, reactivos e híbridos. Os protocolos proactivos utilizados são o DSDV, o OLSR e o FSR. Os protocolos reactivos utilizados são o AODV, o DSR e o AOMDV. Os protocolos híbridos utilizados são o ZRP.

3.1. Encaminhamento por vetor-distância sequenciado no destino (DSDV)

O protocolo Destination-Sequenced Distance-Vetor Routing (DSDV) é um algoritmo baseado em tabelas [17] que se baseia no mecanismo de encaminhamento Bellman-Ford. O algoritmo Bellman-Ford melhorado elimina os loops nas tabelas de encaminhamento. Cada nó móvel da rede mantém a sua tabela de encaminhamento, que contém informações sobre todos os destinos possíveis dentro da rede e o número de saltos. O nó de destino atribui um número de sequência a cada entrada. Os números de sequência permitem aos nós móveis distinguir as rotas obsoletas das novas, evitando a formação de loops de encaminhamento. As actualizações da tabela de encaminhamento são transmitidas periodicamente por toda a rede, a fim de manter a sua consistência. As actualizações de rotas contêm dois tipos possíveis de pacotes. O primeiro é designado por "full dump". Ele carrega todas as informações de roteamento disponíveis e precisa de várias unidades de dados de protocolo de rede (NPDUs). Durante este período de movimento, estes pacotes são transmitidos com pouca frequência. Cada nó mantém uma tabela adicional onde armazena os dados enviados nos pacotes de informação de encaminhamento.

As transmissões de rotas contêm o endereço do destino, o número de saltos para chegar ao destino, o número de sequência da informação recebida sobre o destino, bem como um número de sequência exclusivo da transmissão [17]. A rota rotulada com o número de sequencia usado mais recentemente. Se duas actualizações tiverem o mesmo número de sequência, é utilizada a rota com a métrica mais pequena para otimizar o caminho. Os nós móveis também mantêm informações sobre o tempo de estabelecimento das rotas, ou seja, o tempo médio ponderado até que a rota com a melhor métrica seja recebida. Os nós móveis podem reduzir o tráfego da rede e otimizar as rotas eliminando as transmissões atrasadas que ocorreriam se uma rota optimizada fosse descoberta num futuro muito próximo.

3.3. Roteamento Ad Hoc On-Demand Distance Vetor (AODV)

Este encaminhamento, descrito em [9], baseia-se no algoritmo DSDV, descrito anteriormente. O AODV é uma melhoria do DSDV. Isto deve-se ao facto de, normalmente, minimizar o número de transmissões necessárias através da criação de rotas com base na procura. É exatamente o oposto de manter uma lista completa de rotas como no algoritmo DSDV. Os autores do AODV classificam-no como um sistema puro de aquisição de rotas a pedido. Isto deve-se ao facto de os nós que não se encontram num caminho selecionado não participarem nas trocas de tabelas de encaminhamento [9] nem manterem informações de encaminhamento. Além disso, quando um nó de origem deseja enviar uma mensagem para um nó de destino e ainda não dispõe de uma rota válida para esse destino, inicia um processo de descoberta de caminho para localizar o outro nó. Para isso, transmite um pacote de pedido de rota (RREQ) aos seus vizinhos, que por sua vez reencaminham o pedido para os seus vizinhos, e assim sucessivamente, até localizar o destino ou um nó intermédio com uma rota "suficientemente recente" para o destino. A Figura 3.1 ilustra a propagação dos RREQs de difusão através da rede. O AODV utiliza números de sequência de destino para garantir que todas as rotas estão livres de loops e contêm as informações de rota mais recentes. Cada nó mantém o seu próprio número de sequência, bem como um ID de difusão. Agora, para cada RREQ que o nó inicia, o ID de difusão é incrementado e, juntamente com o endereço IP do nó, identifica exclusivamente um RREQ. O nó de origem inclui no RREQ o número de sequência mais recente que tem para o destino, juntamente com o seu próprio número de sequência e o ID de difusão.

Durante o processo de encaminhamento do RREQ, os nós intermédios registam nas suas tabelas de rotas o endereço do vizinho a partir do qual é recebida a primeira cópia do pacote de difusão, estabelecendo assim um caminho inverso. Se, no caso, forem recebidas mais tarde cópias adicionais do mesmo RREQ, esses pacotes são descartados. Quando o RREQ chega a um nó intermédio com uma rota suficientemente recente ou ao destino, o nó de destino/intermédio responde enviando um pacote de resposta à rota (RREP) para o vizinho do qual recebeu o RREQ pela primeira vez (Fig. 3.2). medida que o RREP é reencaminhado ao longo do caminho inverso, os nós ao longo deste caminho criam entradas de encaminhamento nas suas tabelas de rotas que apontam para o nó de onde veio o RREP. Estas entradas de encaminhamento indicam o encaminhamento ativo. Associado a cada entrada de rota está um temporizador de rota que provocará a eliminação da entrada se esta não for utilizada durante o tempo de vida especificado. Uma vez que o RREP é encaminhado ao longo do caminho estabelecido pelo RREQ, o AODV supostamente só suporta a utilização de ligações simétricas. Se um nó ao longo da rota se desloca, o seu vizinho a montante apercebe-se da deslocação e propaga uma mensagem de notificação de falha de ligação (um RREP com métrica infinita) a cada um dos seus vizinhos activos a montante para os informar do apagamento dessa parte da rota [9].

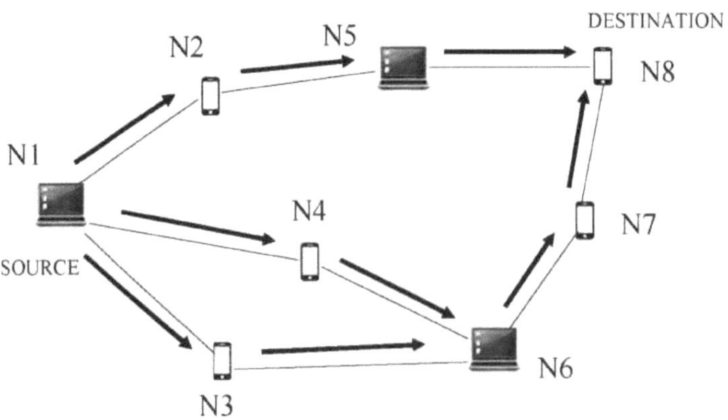

Figura 3.1: Propagação do RREQ

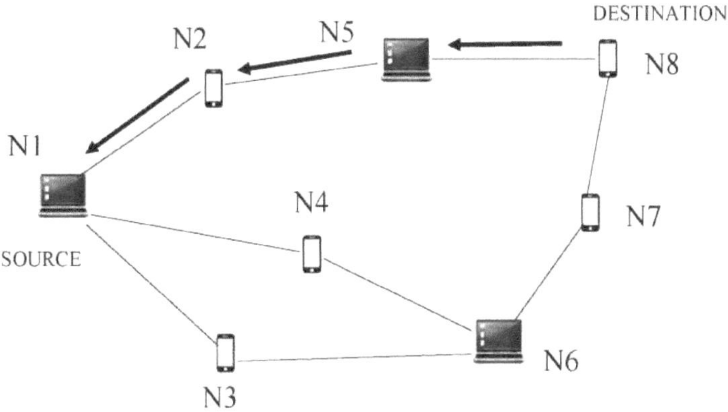

Figura 3.2: Caminho do RREP para a fonte

Figure 3:   Descoberta de rotas AODV

É importante que o destino tenha conhecimento de uma rota para a fonte, mesmo que um nó intermédio responda ao RREQ. Se estiver definida, o nó intermédio enviaria dois RREP, um para a fonte e outro para o destino. A flag D é definida quando a fonte exige que apenas o nó de destino responda com um RREP, e não um nó intermédio, e a flag U é utilizada quando o número de sequência é desconhecido. O campo "Reserved" é definido como zero e a contagem de saltos é inicialmente definida como zero no nó de origem e incrementada em cada salto.

Tipo	J	R	G	D	U	Reservado	Contagem de saltos
ID RREQ							
Endereço IP de destino							
Número de sequência de destino							
Endereço IP original							
Número de sequência do originador							

Figure 4:   Formato da mensagem AODV RREQ [24]

Se o nó é o nó de destino, ou conhece uma rota para o destino, tem de responder ao nó de origem com um RREP. O formato de um RREP do AODV é apresentado na Figura

5. No AODV, as mensagens RREP são do tipo 2. O sinal R é utilizado para o encaminhamento multicast, enquanto o sinal A indica se é necessário um aviso de receção. Esta opção é particularmente utilizada quando se sabe que a ligação não é fiável ou pode não suportar comunicação bidirecional. Aos bits reservados é atribuído um valor de zero(0). O campo Prefix Size pode ser zero ou pode indicar que é possível utilizar a

19

mesma rota para outros endereços que comecem com os mesmos bits que o endereço de destino. Neste caso, o tamanho do prefixo é o número de bits de endereço que têm de coincidir para se poder utilizar a mesma rota, o que é útil para a criação de sub-redes. O número de sequência e o endereço IP do originador são os do nó de origem que gerou o RREQ, e o número de sequência e o endereço IP do destino são os do nó de destino que gerou o RREP. Relembrando, o Hop Count é o número de hops entre a origem e o destino, enquanto o Lifetime indica a quantidade de tempo (em milissegundos) que o RREP deve ser considerado válido pelos nós receptores [17].

Tipo	R	A	Reservado	Tamanho do prefixo	Contagem de saltos
Endereço IP de destino					
Número de sequência de destino					
Endereço IP original					
Vida útil					

Figure 5:   Formato da mensagem AODV/ RREP[24]

5.4. Encaminhamento dinâmico de fontes (DSR)

O protocolo de encaminhamento dinâmico apresentado em [20] é um protocolo de encaminhamento a pedido que se baseia no conceito de encaminhamento a partir da fonte. Os nós móveis mantêm caches de rotas que contêm informações sobre as rotas de origem. As entradas na cache de rotas são actualizadas assim que são obtidas novas rotas. As duas principais fases do protocolo são: descoberta de rotas e manutenção de rotas. Quando o nó móvel tem um pacote para enviar, consulta a cache de rotas para determinar se já tem uma rota para o destino. Se tiver uma rota para o destino, utilizará essa rota para enviar o pacote. Caso contrário, se não tiver uma rota para o destino, inicia a descoberta de rotas através da difusão de um pacote de pedido de rota. Este pacote de pedido de rota contém informação sobre o endereço de destino, juntamente com o endereço do nó de origem e um número de identificação único. Cada nó, ao receber o pacote, verifica se conhece uma rota para o destino. Se souber, propaga-o, caso contrário acrescenta o seu próprio endereço ao registo de rotas do pacote e reencaminha-o para o nó seguinte.

Uma resposta ao pedido de rota é gerada quando o pedido de rota chega ao destino ou a um nó intermédio que contém na sua cache a rota para o destino[21]. A figura ilustra a formação do registo da cache de rotas à medida que o pedido de rota se propaga na rede. Se o nó que gera o registo de rotas for o destino, coloca na resposta o registo de rotas contido no pedido de rota. Se o nó que responde for um nó intermédio, anexa-lhe a sua rota em cache e, em seguida, gera a resposta à rota. Para devolver a informação de rota ao iniciador, o nó que responde deve ter uma informação de rota para ele. Se tiver uma rota para o iniciador na rota em cache, pode utilizá-la. Caso contrário, se forem suportadas ligações simétricas, o nó pode inverter a rota no registo de rotas. Se as ligações simétricas não forem suportadas, o nó pode iniciar a sua própria descoberta de rotas e utilizar a resposta de rota. A figura mostra a resposta ao itinerário com o itinerário associado de volta ao nó.

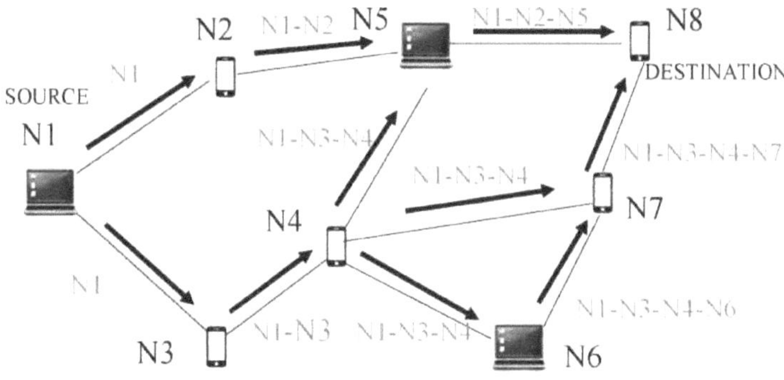

Figura 6.1: Construção do registo do itinerário durante a descoberta do itinerário

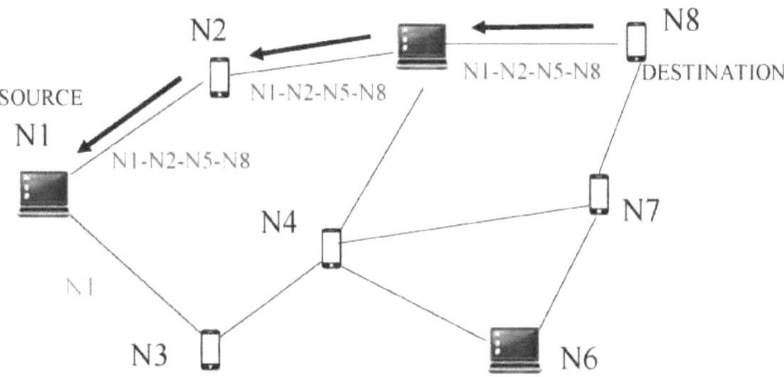

Figura 6.2: Propagação da resposta ao itinerário com o registo do itinerário

Figura 6: Criação de um registo de rota no DSR

3.5 Protocolo de encaminhamento de zonas (ZRP)

O ZRP ou protocolo de encaminhamento por zonas foi o primeiro protocolo de encaminhamento híbrido com uma componente de encaminhamento proactiva e uma componente de encaminhamento reactiva. Haas apresentou o ZRP pela primeira vez em 1997. Foi proposto para reduzir a sobrecarga de controlo na descoberta de encaminhamento em protocolos de encaminhamento proactivos e também para reduzir a latência causada pela descoberta de encaminhamento em protocolos reactivos. É definida uma zona em torno de cada nó, constituída por k-vizinhos (por exemplo, k=4). No ZRP, todos os nós a uma distância de um salto do nó pertencem à zona de encaminhamento. O ZRP é formado por dois subprotocolos, um protocolo de encaminhamento proactivo: Intra-zone Routing Protocol (IARP) utilizado dentro das zonas de encaminhamento e um protocolo de encaminhamento reativo: Inter-zone Routing Protocol (IERP) utilizado entre zonas de encaminhamento. A tabela de encaminhamento proactivo em cache da fonte pelo IARP estabelece uma rota para um destino dentro da zona local, pelo que, se a fonte e o destino estiverem na mesma zona, o pacote é entregue imediatamente. A maioria dos algoritmos de encaminhamento proactivo pode ser utilizada como IARP para o ZRP. Para rotas fora da zona local, as rotas são descobertas reactivamente. O nó de origem envia um pedido de rota aos seus nós de fronteira, contendo o seu próprio endereço, o endereço de destino e um número de sequência único. Os nós de fronteira são definidos exatamente pelo número máximo de saltos de distância da fonte. Os nós de fronteira verificam o destino na sua zona local; se o nó solicitado não pertencer a essa zona local, o nó acrescenta o seu próprio endereço ao pacote de rota e reencaminha o pacote para os seus nós de fronteira. Se o destino for membro da zona local do nó, este envia uma resposta de rota no caminho inverso para a fonte. O nó de origem envia os pacotes de dados para o destino utilizando o caminho guardado pela resposta ao itinerário.

A figura 7 mostra uma rede. O nó S tem um pacote para enviar ao nó X. O raio da zona é r=2. O nó verifica se o destino se encontra na sua zona utilizando a tabela de encaminhamento fornecida pelo IARP. Como não se encontra, é emitido um pedido de encaminhamento. O pedido é transmitido aos nós periféricos. Cada um deles procura o destino na sua tabela de encaminhamento.

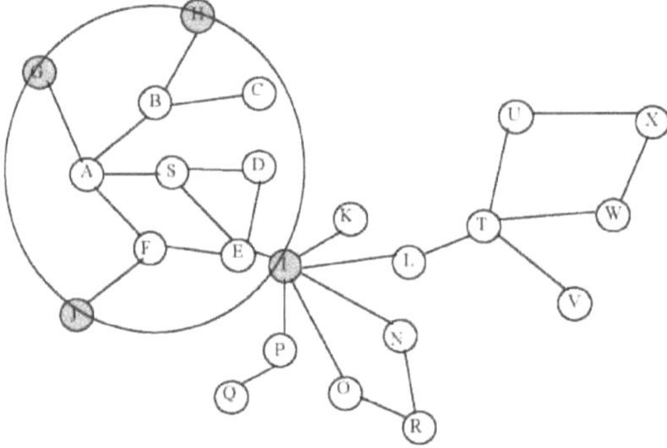

Figura 7: Nó de encaminhamento de S

3.6 Fisheye State Routing (FSR)

O Fisheye State Routing (FSR) [31] é um protocolo de encaminhamento ad hoc e os seus mecanismos baseiam-se no protocolo Link State Routing utilizado em redes com fios. Trata-se de um protocolo de encaminhamento hierárquico implícito. A técnica Fisheye reduz as despesas gerais de atualização do encaminhamento em redes de grandes dimensões. A técnica Fisheye baseia-se na capacidade de ver objectos quando estes estão perto do ponto focal, o que significa que mantém informações precisas sobre os nós próximos e não tão precisas sobre os nós distantes. O âmbito é definido como o conjunto de nós que podem ser alcançados num determinado número de saltos. A dimensão da rede é determinada pelo número de níveis e pelo raio de cada salto. As entradas correspondentes aos nós dentro do âmbito mais pequeno são propagadas com maior frequência e as trocas no âmbito mais pequeno são mais frequentes do que no âmbito maior. Isto torna a informação sobre a topologia mais precisa para os nós próximos do que para os nós distantes. A FSR minimiza a largura de banda utilizada pelos pacotes de atualização do estado da ligação, que são trocados apenas entre nós vizinhos, e consegue reduzir o tamanho da mensagem de informação sobre a topologia. Mesmo que um nó não disponha de informações exactas sobre o nó distante, continuará a encaminhá-lo corretamente, uma vez que as informações de rota se tornam mais precisas à medida que o pacote se aproxima do destino. Isto mostra que a FSR se adapta bem a grandes redes ad hoc móveis. Quando o tamanho da rede aumenta, o envio de mensagens de atualização pode consumir potencialmente mais largura de banda. A FSR utiliza a técnica fisheye para reduzir o tamanho da mensagem sem afetar o encaminhamento.

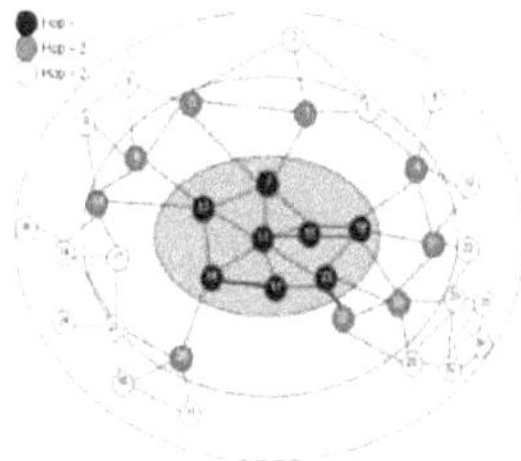

Figura 8: Visor Fisheye

3.7 Roteamento de estado de link otimizado (OLSR)

O protocolo Optimized Link State Routing [32], [33] é um protocolo de encaminhamento proactivo baseado em tabelas para redes ad hoc móveis sem fios. O OLSR optimiza o processo de inundação e minimiza o excesso de mensagens de controlo. Para o efeito, marca um subconjunto de vizinhos como retransmissores multiponto (MPR). Cada nó transmite periodicamente dois tipos de mensagens: Mensagens de controlo de topologia (TC) e mensagens HELLO. Quanto à mensagem HELLO, contém duas listas: uma lista inclui os endereços dos vizinhos a partir dos quais foi ouvido tráfego de controlo mas não foram confirmadas ligações bidireccionais; a outra lista contém os endereços dos vizinhos para os quais existe uma ligação bidirecional válida.

Ao receber mensagens HELLO, um nó examina a lista de endereços e, se o seu próprio endereço constar da lista, confirma-se que foi estabelecida uma comunicação bidirecional com o remetente. Também permite que cada nó mantenha uma ligação de descrição de dados entre o nó vizinho e os nós que estão a dois saltos de distância. O conjunto de nós escolhidos como retransmissores múltiplos (MRPs) são os que têm vizinhos de um salto com uma ligação bidirecional. Apenas estes nós transmitem informação topológica sobre a rede [34]. Quando a mensagem HELLO é recebida, cada nó mantém uma tabela que, supostamente, contém informações sobre os vizinhos de um salto, uma lista de vizinhos de dois saltos e o estado da sua ligação. Cada nó mantém também um conjunto dos seus vizinhos que são designados por Selectores MPR do nó. Quando estes selectores enviam um pacote de difusão, entre todos os seus vizinhos, apenas os seus nós MPR reencaminham o pacote. Os nós MPR difundem periodicamente os seus selectores na rede. A rota óptima é fornecida por um conjunto mais pequeno de retransmissores multiponto. O caminho de encaminhamento consiste numa sequência de saltos da origem ao destino. Uma mensagem TC contém a informação dos vizinhos que seleccionaram o nó emissor como retransmissor multiponto. Também a utiliza como informação topológica difusa para a rede. Cada nó mantém a sua tabela de encaminhamento. Esta tabela contém informações sobre o endereço de destino, o endereço do próximo salto e o número de saltos até ao destino[33].

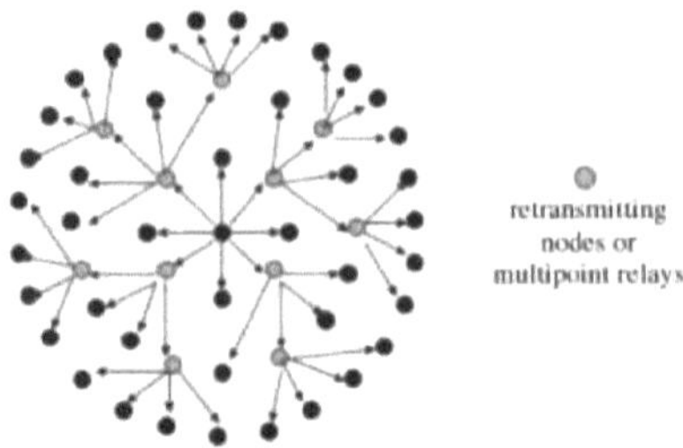

Figura 9: Mecanismo de encaminhamento OLSR

3.8 AD-HOC Encaminhamento por vetor de distância multipercurso a pedido

O protocolo Ad-hoc On-demand Multipath Distance Vetor Routing [35] é basicamente uma extensão do protocolo AODV. É utilizado para ligar rotas disjuntas e calcular múltiplas rotas sem laços. Aqui, as entradas de encaminhamento para cada destino são feitas para conter informações sobre os saltos seguintes com as respectivas contagens de saltos. Cada salto seguinte tem de ter o mesmo número de sequência. Desta forma, é muito mais fácil seguir o percurso. Para cada destino, cada nó mantém a contagem de saltos anunciada, que também é descrita como a contagem máxima de saltos para todos os caminhos. A informação do nó é utilizada para enviar anúncios de rota para o destino. Desta forma, cada anúncio de rota duplicado recebido por um nó indica um caminho alternativo para o destino. Se o caminho alternativo tiver um número de saltos inferior ao número de saltos anunciado para o destino, então o caminho alternativo é aceite. Desta forma, pode dizer-se que é assegurada a ausência de ciclos. Uma vez que é utilizada a contagem máxima de saltos, a contagem de saltos anunciada permanece a mesma para o mesmo número de sequência[36]. Agora, quando um anúncio de rota é recebido para um destino com um número de sequência maior, reinicializamos a contagem de saltos anunciada e a lista de saltos seguintes.

O AOMDV também é utilizado para encontrar rotas disjuntas de nós e de ligações. Cada RREQ que chega através de um vizinho diferente da fonte define um caminho diferente de nó disjunto. Isto acontece porque os nós não podem transmitir RREQs duplicados, pelo que quaisquer dois RREQs que cheguem a um nó intermédio através de vizinhos diferentes não podem ter atravessado o mesmo nó. Desta forma, podem ser encontradas rotas disjuntas de nós.

Para obter várias rotas sem ligação, o destino responde a RREQs duplicados. Após o primeiro salto, os RREP seguem os caminhos inversos, que são nó disjuntos e, por conseguinte, ligação disjunta.

Pode acontecer que as trajectórias de cada RREP se intersectem num nó intermédio, mas cada um tem de seguir um caminho inverso diferente até à fonte para garantir a disjunção das ligações[36]. A vantagem da utilização do AOMDV em relação a outros protocolos é o facto de permitir que os nós intermédios respondam aos RREQs.

CAPÍTULO 4

FERRAMENTA DE SIMULAÇÃO

4.1 Visão geral

A ferramenta de simulação utilizada por nós é o ns2. Trata-se de um simulador amplamente utilizado e aceite. Esta secção contém uma descrição pormenorizada do ns2 e do seu funcionamento.

4.2 Ferramenta de simulação ns2

A simulação de rede é usada como uma forma mais económica de validação de protocolos, que é eficiente em termos de tempo e dinheiro, onde as condições experimentais podem ser controladas. O Ns- 2 fornece vários protocolos como TCP, UDP ou HTTP, diferentes comportamentos de origem de tráfego como CBR, FTP ou VBR, modelos de propagação, protocolos da camada MAC, ferramentas para geração e visualização de topologias.

O simulador de rede ns-2 foi desenvolvido em colaboração entre investigadores da UC Berkeley, USC/ISI, LBL e Xerox PARC com o objetivo principal de simular o comportamento das redes. A versão 2 do simulador de rede é escrita em C++ e OTcl, e está em constante evolução.

A principal razão para a utilização de duas linguagens é a poupança de tempo. O C++ é uma linguagem de programação poderosa, que permite a execução rápida de aplicações, mas podem ser necessárias algumas modificações para efetuar várias simulações, ou seja, manter a estrutura principal da simulação mas modificar alguns parâmetros, com o objetivo de comparar resultados diferentes. Isto implica tempo adicional de recompilação do código C++ cada vez que é pedida uma modificação. O OTcl é uma linguagem interpretada, e a principal vantagem é que estas modificações não requerem tempo adicional de recompilação, mas, por outro lado, o tempo de execução de uma linguagem interpretada é mais lento do que o das linguagens compiladas. O simulador de rede Ns-2 torna possível esta unificação através da ligação tclcl, ou seja, OTcl. Os principais objectos de uma simulação, como nós e protocolos, são implementados em C++ e a configuração dos parâmetros, como o número ou a posição dos nós, o tempo da simulação, etc., é implementada em OTcl.

Os componentes do ns-2 são os objectos de rede, o programador de eventos, um programa de simulação de entrada e os resultados da simulação. Para gerir estes objectos e o programador de eventos deve ser definido um script OTcl, ou seja, o programa de simulação de entrada. O programador de eventos mantém um registo do tempo de simulação, accionando todos os eventos da fila de eventos programados para esse momento. A comunicação entre os componentes da rede não consome tempo de simulação, exceto o tempo necessário que um nó necessita para tratar um pacote, implicando um atraso, que é gerido pelo programador de eventos. O programador de eventos é também utilizado como temporizador, por exemplo, numa retransmissão de pacotes.

4.2.1 Cenários

Uma vez que os cenários de simulação são guiões, é necessário defini-los. O cenário de simulação é composto por informações sobre a topologia, o agente e o encaminhamento. O primeiro passo é iniciar uma instância do simulador e escolher a saída para os resultados, sendo configurada a posição e o número de nós. Posteriormente, deve ser definido o agente do protocolo de transporte e as ligações entre os nós. O último passo é definir o protocolo de encaminhamento a ser utilizado na simulação. O resultado da simulação é um ou mais ficheiros de texto contendo dados detalhados da simulação. Estes ficheiros podem ser utilizados para análise da simulação ou como entrada para uma ferramenta de visualização chamada NAM (Network Animator).

4.2.2 Nós

No simulador de rede, os nós são fundamentais para a transmissão dos pacotes. Ao receber um pacote num nó, são analisados os campos do pacote, que incluem o endereço de destino, ou seja, o nó recetor.

Todos os nós contêm, pelo menos, os seguintes componentes [30]:

- Um endereço ou id_, que aumenta monotonicamente em 1 (a partir do valor inicial 0) no espaço de nomes da simulação à medida que os nós são criados

- Uma lista de vizinhos (neighbour)

- Uma lista de agentes (agent_)

- Um identificador de tipo de nó (nodetype)

- Um módulo de encaminhamento

A configuração dos nós é efectuada na definição do cenário. Aqui, podemos definir parâmetros importantes para a nossa simulação, como o tipo de estrutura de endereçamento, os componentes de rede para nós móveis e o tipo de encaminhamento utilizado.

Como exemplo da configuração de nós: $ns_ node-config -addressType hierarchical \

-adhocRouting DSR \

-llTipo LL \

-macType Mac/802_11 \

-ifqType Queue/DropTail/PriQueueue \

-ifqLen 50 \

-antType Antena/OmniAntenna \

-propType Propagation/TwoRayGround \

-phyType Phy/WirelessPhy \

Opção	Valor disponível	padrão
-topologyInstance $topo \		
-canal Canal/Canal sem fios \		

-agentTrace ON \

-routerTrace ON \

-macTrace OFF \

-movementTrace OFF

geral		
tipo de endereço	Plano, hierárquico	Plano
MPLS	LIGADO, DESLIGADO	DESLIGADO
Orientado para satélite e sem fios		
wiredRouting	ON,OFF	DESLIGADO
llType	LL, LL/Sat	""
macTipo	Mac/802_11, Mac/Csma/Ca, Mac/Sat, Mac/Sat/UnslottedAloha, Mac/Tdma	""
ifqType	Fila/DropTail Fila/DropTail/PriQueue	""
phyType	Phy/WirelessPhy, Phy/Sat	""
Orientado para a ligação sem fios		
adhocRouting	DIFFUSION/RATE, DIFFUSION/PROB, DSDV, DSR, FLODDING, OMNIMCAST, AODV, TORA, M-DART PUMA	""
propType	Propagação/TwoRayRound, Propagação/Sombra	""
propInstance	Propagação/TwoRayRound, Propagação/Sombra	""
tipo de formiga	Antena/OmniAntenna	""
Canal	Canal/wirelessChannel, Canal/Sat	""
topoInstância	<ficheiro de topologia>	""
mobileIP	LIGADO, DESLIGADO	DESLIGADO
modelo de energia	Modelo de energia	""
inicialEnegia	<valor em Joules>	""
rxPower	<valor em W>	""
txPower	<valor em W>	""
potência inativa	<valor em W>	""

rastreio do agente	LIGADO, DESLIGADO		DESLIGADO
routerTrace	LIGADO, DESLIGADO		DESLIGADO
macTrace	ON,OFF		DESLIGADO
rastreio de movimento	LIGADO, DESLIGADO		DESLIGADO
errProc	uniformErrorProc		""
FECProc	?		?
toraDebug	LIGADO, DESLIGADO		DESLIGADO
Orientado para o satélite			
satNodeType	Polar, geo, terminal, georepetidor		""
downlinkBW	<valor da largura de banda, por exemplo, "2 MB">		""

4.2.3 Agentes

Os agentes são utilizados no ns-2 para a implementação de protocolos [30]. Estes são alguns agentes de protocolo disponíveis, que usámos na nossa simulação: TCP/Reno, um emissor Reno TCP (com recuperação rápida); TCPSink, um recetor Reno ou Tahoe TCP (não usado para FullTcp); UDP, um agente UDP básico; loss monitor, um sink de pacotes com verificação de perdas. No OTcl, é possível criar e modificar objetos do tipo agente. No NS-2, é também possível criar uma nova classe Agente, composta por estado interno e métodos, suportando a geração e receção de pacotes [30].

4.2.4 Ficheiros de rastreio

O principal objetivo dos ficheiros de traços é fornecer diferentes tipos de informação sobre a simulação. No NS-2, existem três tipos de traços, o formato antigo, o novo formato e um formato de traço marcado [30].

O NS-2 inclui suporte para redes sem fios e ad hoc e ficheiros e scripts de configuração fácil. Por conseguinte, utilizámos o NS-2 como ferramenta. O diagrama de fluxo apresentado na figura 7 mostra o funcionamento completo do NS2 para análise.

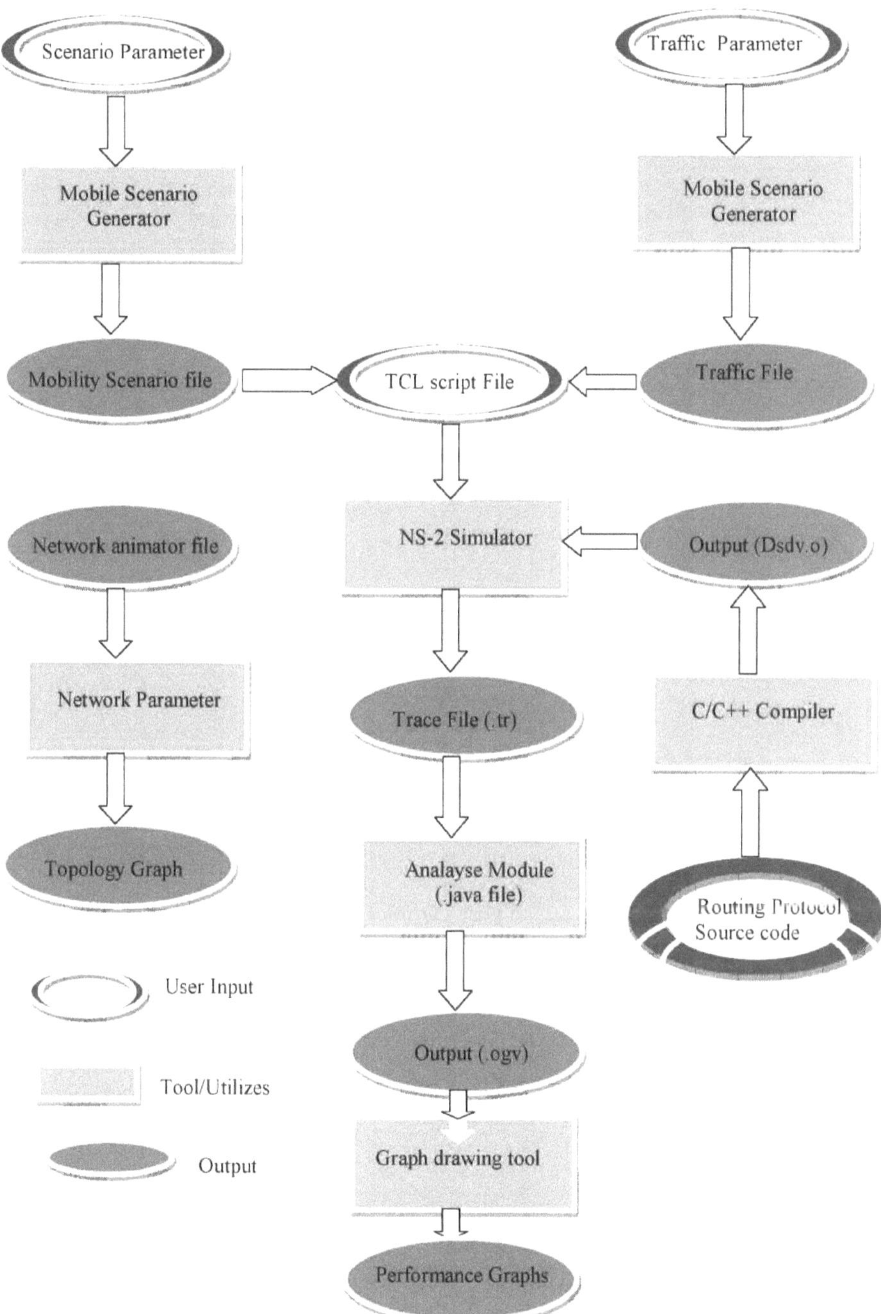

Figura 10: Diagrama de execução dos protocolos MANET no ns-2

CAPÍTULO 5

SISTEMA E SOFTWARE UTILIZADOS

5.1 Visão geral

Esta secção apresenta o sistema e o software utilizados para a experiência em vários protocolos de encaminhamento.

5.2 Sistema utilizado

- Sistema operativo: Ubuntu 15.04

-RAM:4GB

- Espaço em disco: 1TB

- Processador: Intel Core™ i5.

5.3 Software utilizado

- Linguagem utilizada: C++.

- Simulador: ns2 - 2.35.

- Gráfico: Excel

- IDE: gedit

CAPÍTULO 6

AMBIENTE DE SIMULAÇÃO

6.1 Visão geral

Esta secção apresenta o ambiente de simulação definido no ns2 e as razões para a escolha do valor das variáveis de ambiente.

6.2 Ambiente de simulação

A Figura 6 mostra os parâmetros com os seus valores definidos no ns2 para a configuração do ambiente. Estudámos os protocolos variando dois aspectos: o primeiro é o número de nós, que variámos de 10 a 50, mantendo a velocidade constante até 10 m/s, e o segundo é a velocidade dos nós móveis, que variámos de 10 a 40, mantendo o número de nós constante em 20 nós.

Tabela 6: Parâmetro de simulação

Parâmetro	Valor
Simulador	NS-2.35
Antena	Antena / antena omnidirecional
Tipo de camada de ligação	LL
Área de simulação	500m*400m
Nós móveis	10, 20, 30, 40, 50
Número de nós fixos	20 (com variação de velocidade)
Tipo de camada Mac	802.11/Mac
Tamanho do pacote	500
Fonte de tráfego	TCP
Canal	Sem fios
Radiopropagação modelo	Onda TwoRayGound
Velocidade fixa	10m/s (para o número de variação dos nós)
Velocidade variável	10,20,30,40 m/s

As simulações foram efectuadas utilizando o Network Simulator 2 (Ns-2.35), particularmente popular [7] na comunidade das redes ad hoc.

6.3 Razões para utilizar os valores de ambiente no ns2

Estudámos alguns documentos e seleccionámos o melhor ambiente que pode ser definido para a nossa experiência, considerando todos os valores possíveis. Encontrámos alguns documentos adequados que suportam os valores dos parâmetros definidos no ns2.

Os protocolos orientados para a tabela e a pedido reagem de forma diferente consoante o protocolo MAC utilizado. Os resultados de um estudo de simulação mostram que a escolha do protocolo MAC é um componente chave do desempenho de um protocolo de encaminhamento, e este aspeto deve ser tido em consideração quando se fazem estudos comparativos do desempenho dos protocolos de encaminhamento. Utilizámos o IEEE 802.11 DCF como tipo de camada MAC porque os protocolos de encaminhamento dão melhores resultados nesta camada [26].

Existem três modelos de propagação de rádio - FreeSpace, TwoRayGound e Shadowing. Utilizámos o modelo de propagação de rádio TwoRayGound, uma vez que existe uma limitação no ns-2 que é o facto de o emissor e o recetor terem de estar à mesma altura. Está demonstrado que este modelo dá uma previsão mais precisa a longa distância do que o modelo de espaço livre [27] e dá melhores resultados para o protocolo de encaminhamento do que o Shadowing [28]. As métricas de desempenho, como a taxa de transferência, o rácio de entrega de pacotes e o atraso médio de fim a fim, foram melhores no TCP/FTP do que no UDP/CBR [29]. Assim, na nossa simulação, utilizámos o TCP/FTP como fonte de tráfego.

Em [30] foi demonstrado que o ZRP apresenta um rácio de entrega de pacotes e uma taxa de transferência realmente baixos quando a mobilidade é elevada. À medida que o número de nós aumenta, a carga de encaminhamento também aumenta com o raio da zona. O raio da zona é utilizado para obter uma taxa de transferência mais elevada e deve ser mantido baixo, no intervalo de 2-4, o que mostra o melhor desempenho do ZRP nestes raios de zona. Por outro lado, o atraso médio de extremo a extremo é menor num raio de zona elevado. Por isso, utilizámos o raio da zona 2 para o ZRP para obter os melhores resultados. As fontes de tráfego são TCP. A fonte é o nó marcado como 0, e um é o destino. O FTP é utilizado para transferir ficheiros da origem para o destino.

CAPÍTULO 7

MÉTRICAS E GRÁFICOS DE DESEMPENHO

7.1 Visão geral

Esta secção apresenta as métricas de desempenho utilizadas nesta experiência para avaliar os protocolos de encaminhamento. Contém também os resultados gráficos de todos os protocolos de encaminhamento avaliados em relação a um número de nós e à velocidade versus as métricas de desempenho consideradas.

7.2 Métricas de desempenho

É utilizado para medir o desempenho de vários protocolos de encaminhamento no nosso ambiente. Existem muitas métricas de desempenho. As métricas de desempenho utilizadas para avaliar os protocolos de encaminhamento nesta experiência são

1) Rácio de entrega de pacotes

O rácio de entrega de pacotes é definido como o rácio entre os pacotes de dados recebidos pelos destinos e os gerados pelas fontes. Quanto maior for o valor do rácio de entrega de pacotes, melhor será o desempenho do protocolo. No ns2, baseia-se nos pacotes recebidos e gerados, tal como registados no ficheiro de rastreio. É calculado utilizando um script awk que processa o ficheiro de rastreio e produz o resultado.

PDR = £ Número de pacotes recebidos / £ Número de pacotes enviados.

2) Rendimento

A taxa de transferência é o número de pacotes que chegam ao sumidouro num determinado período. A métrica throughput mede a capacidade da rede para fornecer constantemente dados ao sink.

packet_size * recv * 8.0 dá o número total de bits recebidos.

packet_size é o tamanho do pacote utilizado na camada de aplicação. Quando dividimos o valor por 1000 e (end time-start time), onde estão a hora de início e a hora de fim da simulação, obtemos o débito em kbps.

Taxa de transferência (em kbps) = (packet_size*recv*8.0)/(1000*(endtime - starttime))

Por exemplo, se o número de pacotes recebidos for 200, o tamanho do pacote for 512, o tempo de início for 0 e o tempo de fim for 20 ms, o débito será de 40,96 kbps.

3) Atraso de ponta a ponta

É o atraso total que o pacote de dados sofre ao percorrer a rede. Pode ser o tempo passado na fila de espera do pacote, os atrasos de encaminhamento, o atraso de propagação e o tempo necessário para efetuar a retransmissão se o pacote se perder, etc. Quanto mais baixo for o valor do atraso de extremo a extremo, melhor será o desempenho do protocolo.

Atraso de extremo a extremo = £ (tempo de chegada - tempo de envio) / £ Número de ligações.

4) Encargos de encaminhamento

O overhead de encaminhamento é o número de informações adicionais utilizadas para uma transmissão de dados dividido pelo total de bytes para a transmissão completa. No ns2, é calculado utilizando o ficheiro de rastreio, dividindo o número total de pacotes de encaminhamento pelo número total de pacotes de dados recebidos.

Encargos de encaminhamento = (£ Pacotes de encaminhamento / £ Pacotes recebidos)

7.3 Ficheiro NAM Saída

O NAM é uma ferramenta de animação baseada em Tcl/TK para visualizar traços de simulação de rede e traços de pacotes do mundo real. Utilizando dados de simuladores de rede (como o ns) ou de redes reais, o NAM foi uma das primeiras ferramentas a fornecer uma animação de rede de propósito geral, ao nível dos pacotes, antes de começar a utilizar o NAM, é necessário criar um ficheiro de traços [22]. O NS geralmente gera esse arquivo de rastreamento. Uma vez gerado o ficheiro de rastreio, o NAM pode ser utilizado para o animar.

Abaixo é apresentado um instantâneo da topologia de simulação no NAM para 10, 20, 30, 40 e 50 nós móveis, onde são visualizados os traços de comunicação ou movimentos de pacotes entre nós móveis. Aqui, a fonte é o nó 0 e o nó 1 é o destino de todos os nós móveis.

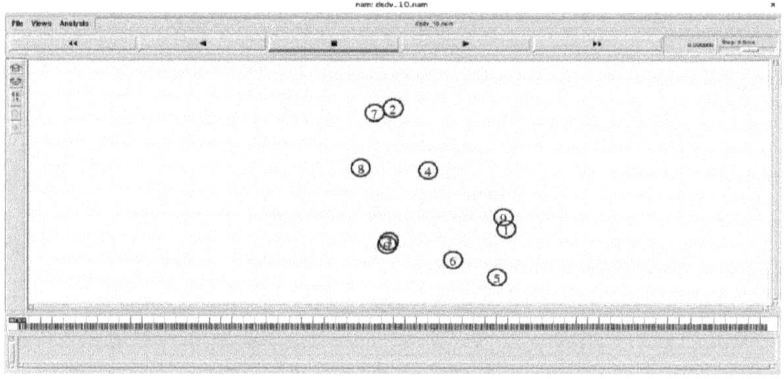

Figura 11: NAM para 10 nós

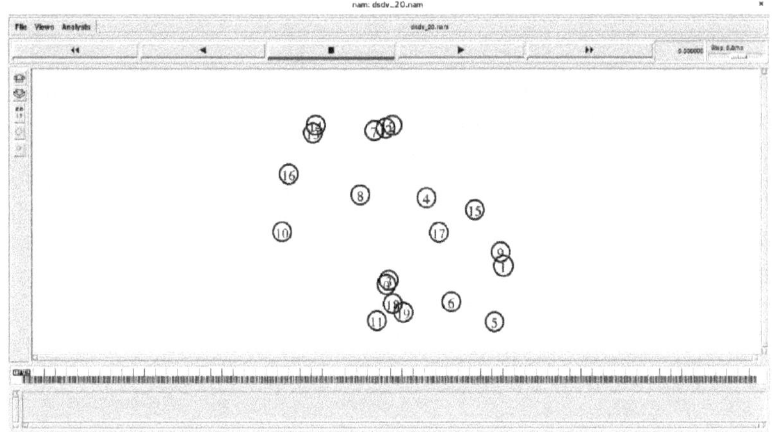

Figura 12: NAM para 20 nós

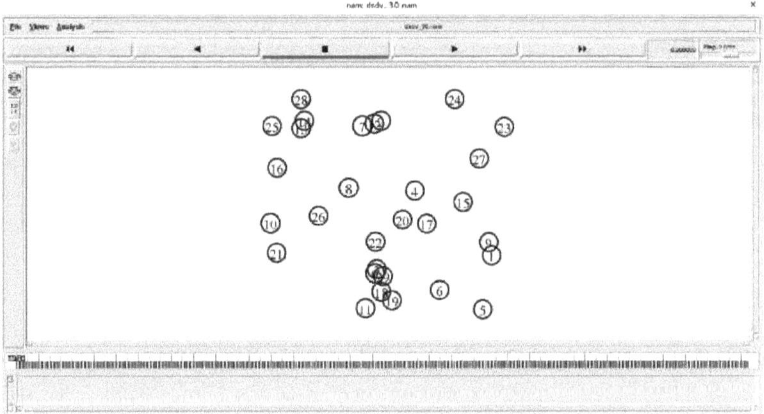

Figura 13: NAM para 30 nós

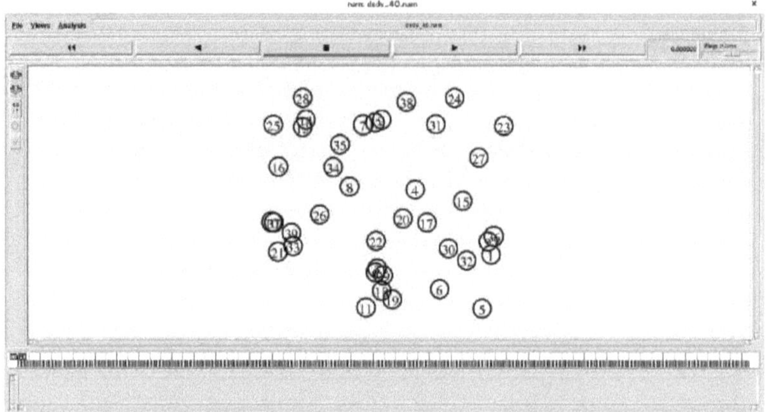

Figura 14: NAM para 40 nós

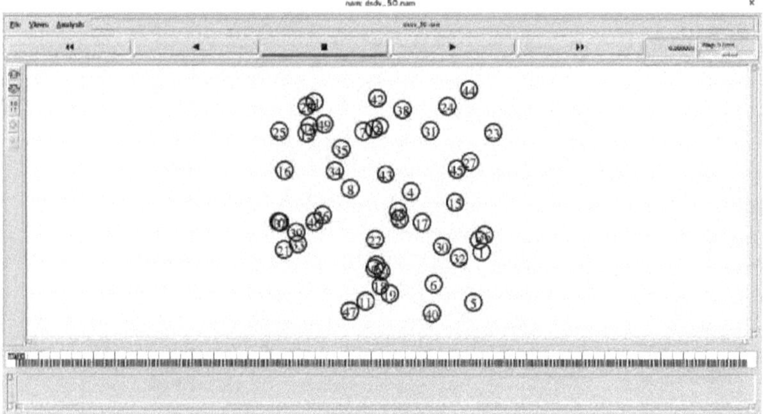

Figura 15: NAM para 50 nós

7.4 Análise gráfica

Nesta secção, comparámos vários protocolos reactivos, proactivos e híbridos com base no débito, na taxa de entrega de pacotes, no atraso médio de extremo a extremo e na sobrecarga de encaminhamento, sendo os resultados apresentados sob a forma de gráficos.

7.4.1 Variação do número de nós

Comparámos vários protocolos de encaminhamento, variando o número de nós móveis para 10, 20, 30, 40 e 50. Para esta experiência, mantivemos a velocidade constante até 10m/s.

7.4.1.1 Gráfico de comparação de protocolos proactivos com um número variável de nós

Comparámos o DSDV, o OLSR e o FSR com base no rendimento, no rácio de entrega de pacotes, no atraso médio de extremo a extremo e na sobrecarga de encaminhamento.

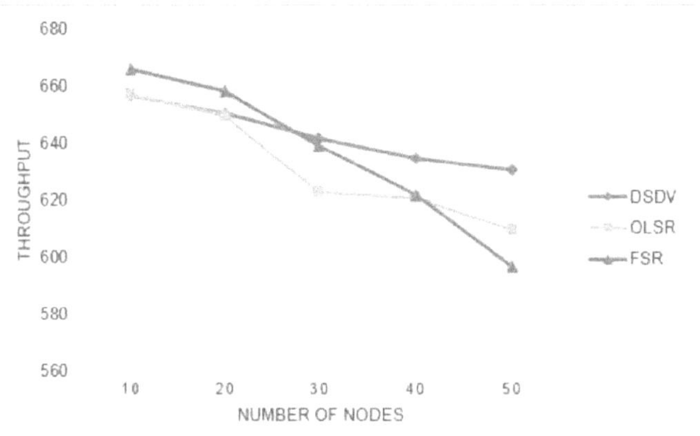

Figura 16: Taxa de transferência versus nós para protocolos proactivos com um número variável de nós.

A taxa de transferência diminui com o aumento do número de nós, uma vez que a colisão entre pacotes aumenta e menos pacotes conseguem chegar ao destino. Na comparação do débito, o FSR tem o valor mais elevado para nós pequenos, mas para nós maiores diminui acentuadamente. O DSDV apresenta menos alterações no débito do que o FSR. O OLSR e o DSDV têm um débito quase igual no início, mas diminui mais para o OLSR com o aumento dos nós.

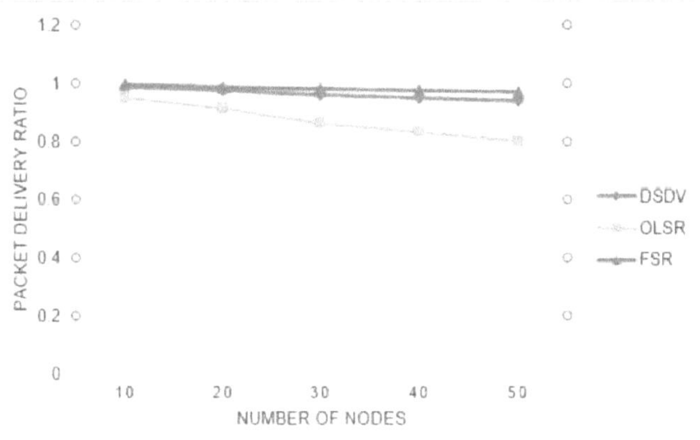

Figura 17: Rácio de entrega de pacotes vs. nós para protocolos proactivos com um número variável de nós.

Na comparação do rácio de entrega de pacotes, o FSR tem o rácio de entrega de pacotes mais elevado, com quase 98% de pacotes entregues. O DSDV tem quase 96% de pacotes entregues. O OLSR é o que apresenta a menor taxa de entrega de pacotes, com uma média de 87%. O DSDV e o FSR variam de forma menos acentuada do que o OLSR com o aumento do número de nós.

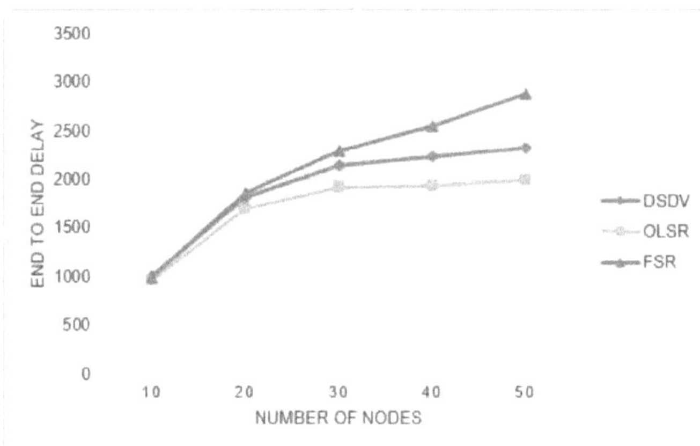

Figura 18: Atraso extremo-a-extremo vs. nós para protocolos proactivos com um número variável de nós.

O OLSR tem o menor atraso de extremo a extremo, enquanto o FSR tem o máximo e o DSDV apresenta um desempenho médio em termos de atraso de extremo a extremo entre os três. Com 10 nós, os valores são praticamente iguais. Mas com o aumento do número de nós, o FSR apresenta um desempenho fraco.

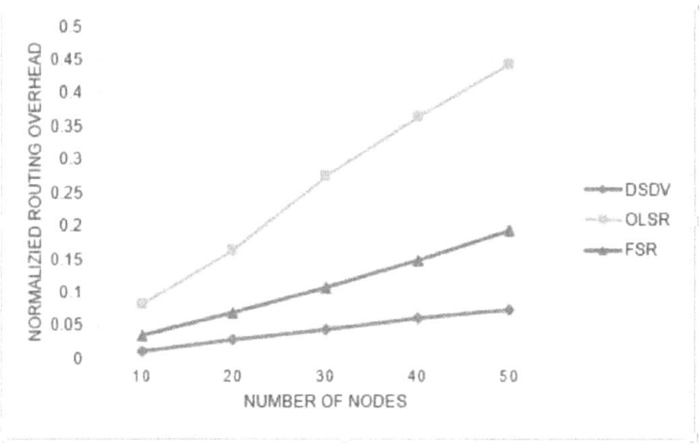

Figura 19: Sobrecarga de encaminhamento vs. nós para protocolos proactivos com um número variável de nós.

O DSDV tem o menor overhead de encaminhamento entre os três, inferior a 0,1 OLSR tem o overhead de encaminhamento mais elevado e aumenta muito rapidamente com o aumento do número de nós.

O FSR também tem um overhead de encaminhamento maior que o DSDV, mas muito menor que o OLSR.

7.4.1.2 Gráfico de comparação de protocolos reactivos com um número variável de nós

Nesta secção, comparámos o AODV, o DSR e o AOMDV com base na taxa de transferência,

Rácio de entrega de pacotes, atraso médio de extremo a extremo e sobrecarga de encaminhamento.

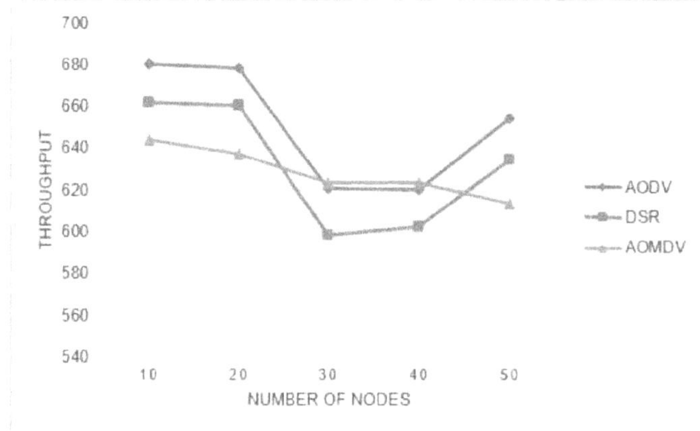

Figura 20: Taxa de transferência vs. nós para protocolos reactivos com um número variável de nós.

O AODV tem a melhor taxa de transferência em comparação com o DSR e o AOMDV. Apresenta um resultado abrupto. Para 30 e 40 nós, o AOMDV tem um melhor desempenho do que o AODV e o DSR. Mas para os outros nós, o AOMDV tem um desempenho inferior a ambos.

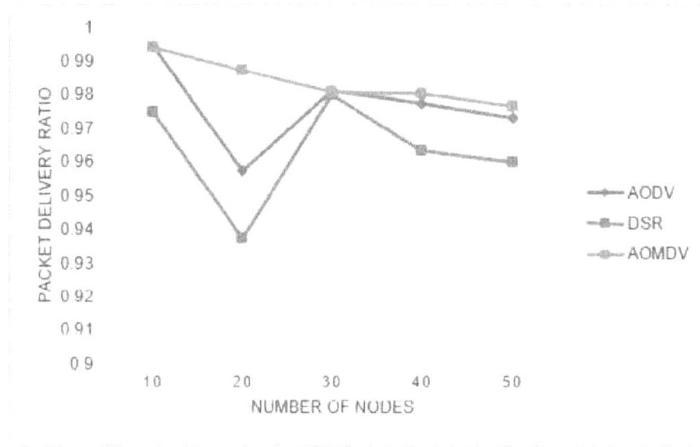

Figura 21: Rácio de entrega de pacotes vs. nós para protocolos reactivos com um número variável de nós.

O AOMDV tem o rácio de entrega de pacotes mais elevado do que o AODV e o DSR. O AODV tem um rácio de entrega de pacotes melhor do que o DSR. O AOMDV demonstra entregar mais pacotes do que ambos.

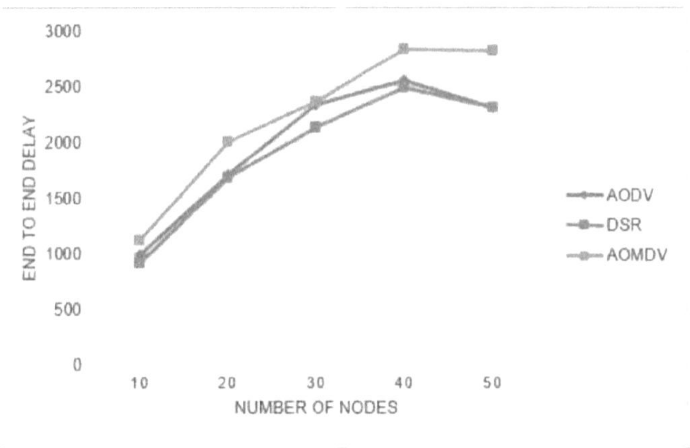

Figura 22: Atraso extremo-a-extremo vs. nós para protocolos reactivos com um número variável de nós.

Na comparação do atraso de extremo a extremo, o AOMDV tem o atraso de extremo a extremo mais elevado. Este aumenta com o aumento do número de nós, sendo o DSR o que apresenta o melhor desempenho, com o menor atraso de extremo a extremo entre eles.

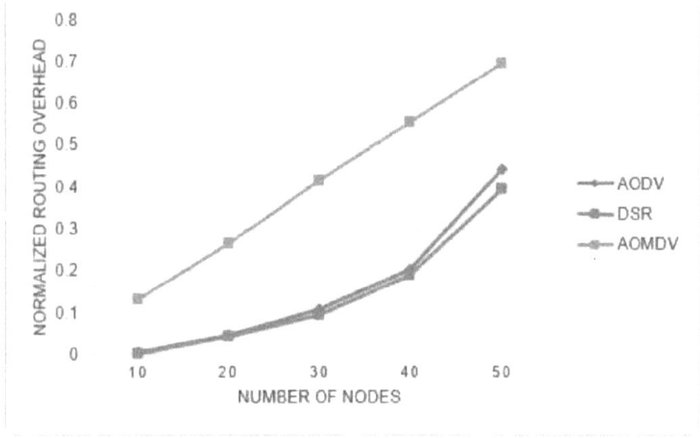

Figura 23: Sobrecarga de encaminhamento vs. nós para protocolos reactivos com um número variável de nós.

O AOMDV tem um overhead de encaminhamento muito grande e aumenta quase linearmente com o aumento do número de nós. O AODV e o DSR têm um custo de encaminhamento quase nulo. O AOMDV opta por ter um desempenho mais fraco no que respeita aos custos gerais de encaminhamento.

7.4.1.3 Gráfico de comparação de todos os protocolos com um número variável de nós

Analisámos todos os protocolos de encaminhamento utilizando a métrica de desempenho acima referida.

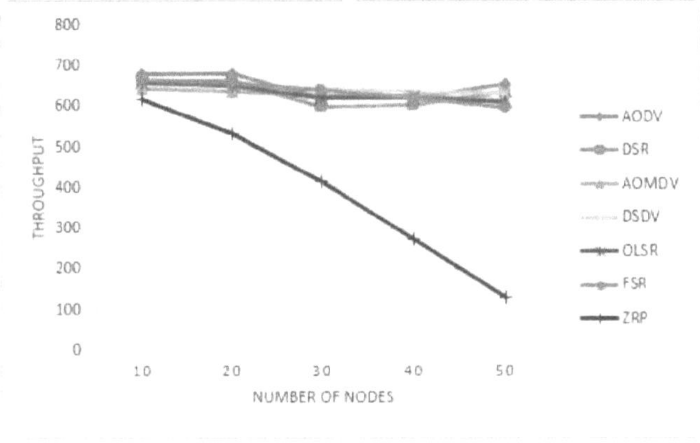

Figura 24: Taxa de transferência vs. nós para todos os protocolos com um número variável de nós.

Na comparação global do débito, o AODV tem o melhor desempenho com uma média de 650 kbps. O ZRP, que é o protocolo híbrido, tem um desempenho muito fraco com o aumento do número de nós. Isto prova que os protocolos híbridos têm um débito fraco. Entre os protocolos proactivos e reactivos, o AOMDV é o que tem o menor débito, com uma média de 628 kbps.

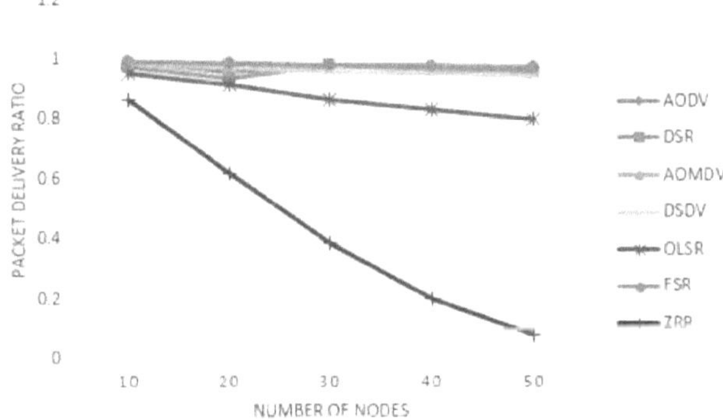

Figura 25: Rácio de entrega de pacotes vs. nós para todos os protocolos com um número variável de nós.

O rácio de entrega de pacotes do ZRP é quase incomparavelmente baixo. Com o aumento dos nós, diminui exponencialmente. Entre os protocolos proactivos e reactivos, o OLSR tem o menor rácio de entrega de pacotes, com uma média de 87% de pacotes entregues, enquanto os outros têm uma média de quase 97%.

41

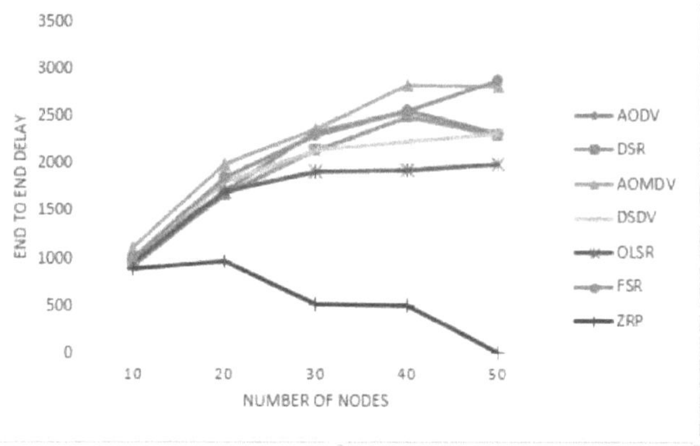

Figura 26: Atraso extremo-a-extremo vs. nós para todos os protocolos com um número variável de nós.

O ZRP tem o menor atraso de extremo a extremo e diminui com o aumento dos nós. Entre os protocolos proactivos e reactivos, o OLSR tem o melhor desempenho e o AOMDV e o FSR o pior.

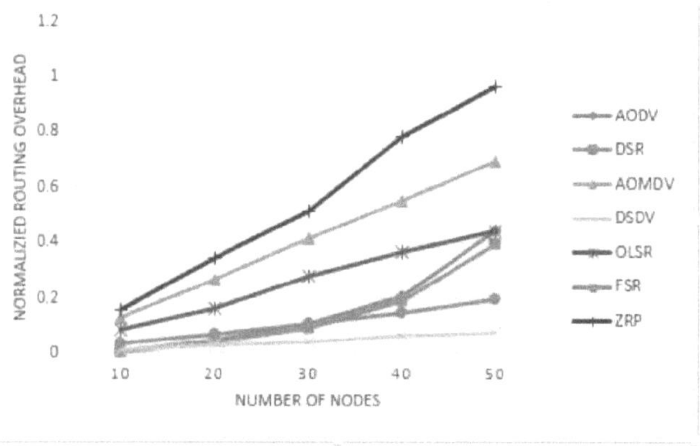

Figura 27: Sobrecarga de encaminhamento vs. nós para todos os protocolos com um número variável de nós.

O ZRP tem o overhead de encaminhamento mais elevado de todos os protocolos. O DSDV tem o valor mais baixo. Entre os protocolos proactivos e reactivos, o AOMDV é o que apresenta o pior desempenho em termos de custos de encaminhamento.

7.4.2 Velocidade variável

Comparámos vários protocolos de encaminhamento variando a velocidade dos nós móveis para 10, 20, 30 e 40. Para esta experiência, mantivemos alguns nós constantes a 20 nós.

7.4.2.1 Gráfico de comparação de protocolos proactivos com velocidade variável

Comparámos o DSDV, o OLSR e o FSR em termos de taxa de transferência, rácio de entrega de pacotes, e

Atraso médio de extremo a extremo e sobrecarga de encaminhamento variando a velocidade dos nós móveis.

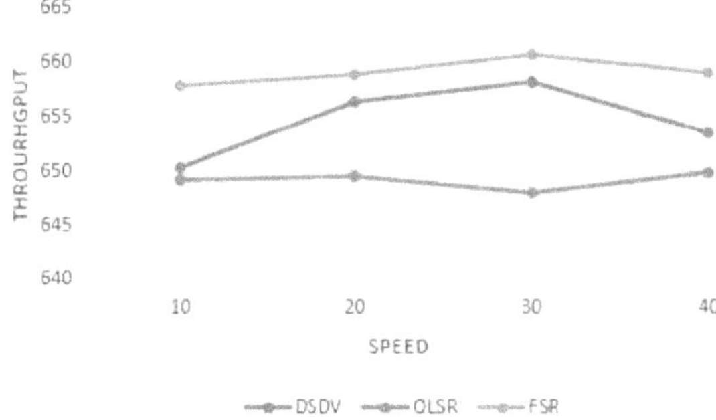

Figura 28: Taxa de transferência vs. velocidade para o protocolo proactivo com velocidade variável

O throughput tem uma variação muito ligeira com a alteração da velocidade. Entre todos os protocolos proactivos considerados, o FSR apresenta o valor máximo de débito, aproximadamente 659 kbps, enquanto o OLSR apresenta o menor valor de débito, aproximadamente 649 kbps.

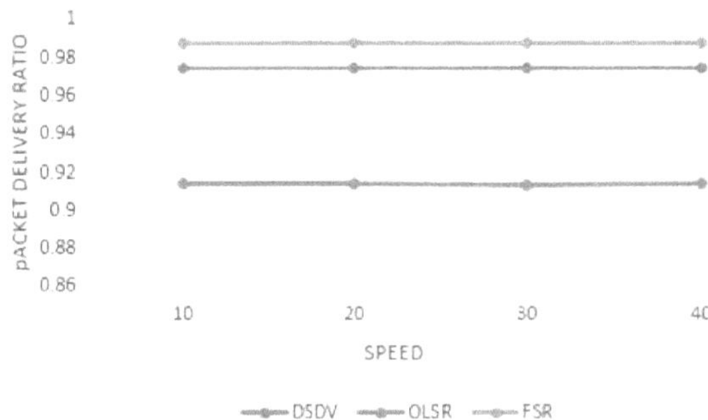

Figura 29: Rácio de entrega de pacotes vs. velocidade para o protocolo proactivo com velocidade variável

Não há alteração no rácio de entrega de pacotes com a velocidade. Mantém-se constante durante todo o processo. O FSR tem o rácio de entrega de pacotes máximo, com cerca de 98,7% de pacotes entregues. O OLSR tem o valor mínimo de aproximadamente 91% de taxa de entrega de pacotes.

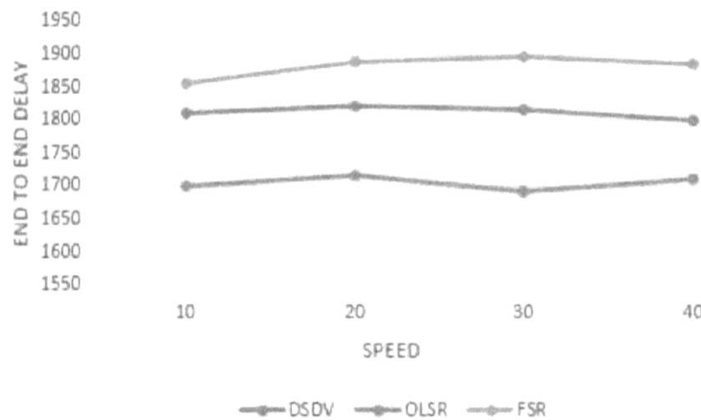

Figura 30: Atraso de extremo a extremo vs. velocidade para o protocolo proactivo com velocidade variável

O atraso de extremo a extremo varia muito ligeiramente com a velocidade. O FSR mostra uma desvantagem aqui ao ter o atraso máximo de ponta a ponta, e o OLSR tem o menor valor.

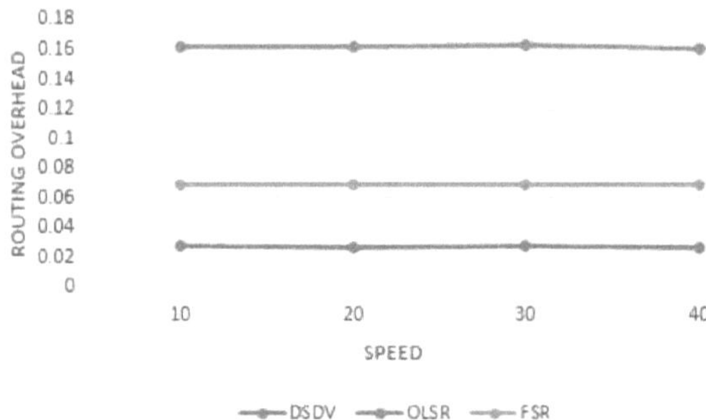

Figura 31: Sobrecarga de encaminhamento vs. velocidade para o protocolo proactivo com velocidade variável

O custo indireto de encaminhamento mantém-se constante com a variação da velocidade. O OLSR tem o overhead de encaminhamento máximo com o valor 0,16. O DSDV tem o menor valor de overhead de encaminhamento, 0,028. O FSR tem o valor de 0,069, que é muito pequeno em comparação com o OLSR, mas maior do que o DSDV.

7.4.2.2 Gráfico de comparação de protocolos reactivos com velocidade variável

Nesta secção, comparámos o AODV, o DSR e o AOMDV com base na taxa de transferência, na taxa de entrega de pacotes, no atraso médio de extremo a extremo e na sobrecarga de encaminhamento com velocidades variáveis.

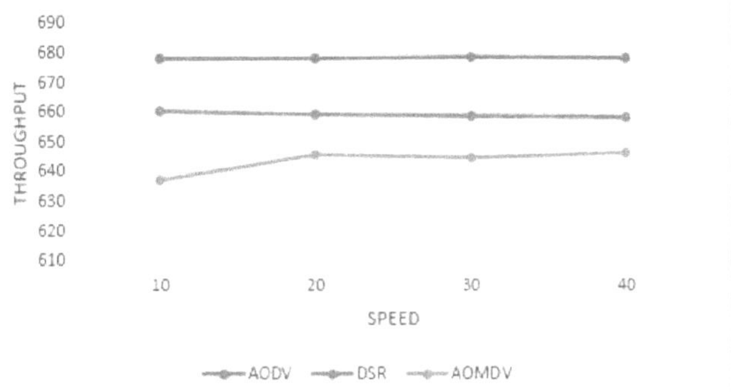

Figura 32: Taxa de transferência vs. velocidade para o protocolo reativo com velocidade variável

O AODV tem o débito mais elevado de todos os protocolos reactivos considerados. Tem um valor de quase 680kbps. O AOMDV tem o menor throughput entre eles.

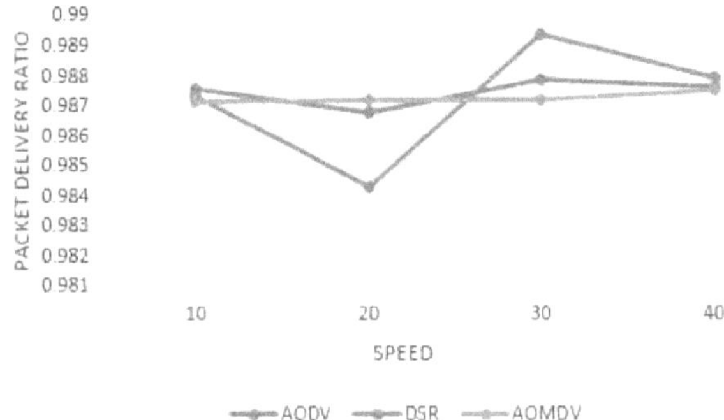

Figura 33: Rácio de entrega de pacotes vs. velocidade para o protocolo reativo com velocidade variável

O rácio de entrega de pacotes do DSR varia com a velocidade, enquanto o AODV e o AOMDV permanecem constantes com a velocidade.

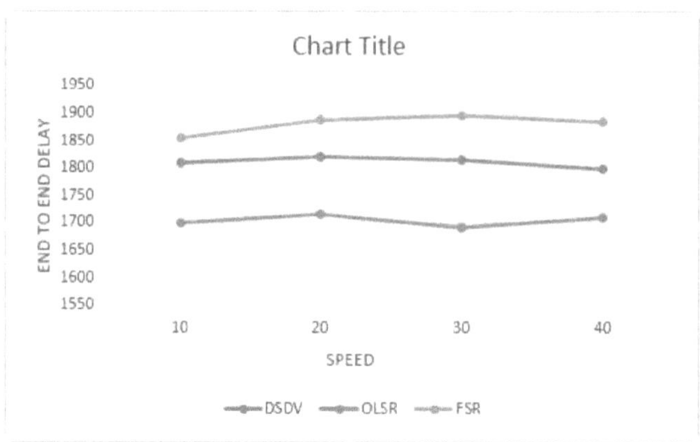

Figura 34: Atraso de extremo a extremo vs. velocidade para o protocolo reativo com velocidade variável

O atraso de extremo a extremo dos protocolos reactivos também se mantém constante com a velocidade. O AOMDV tem o atraso máximo de extremo a extremo, enquanto o AODV e o DSR têm praticamente o mesmo valor.

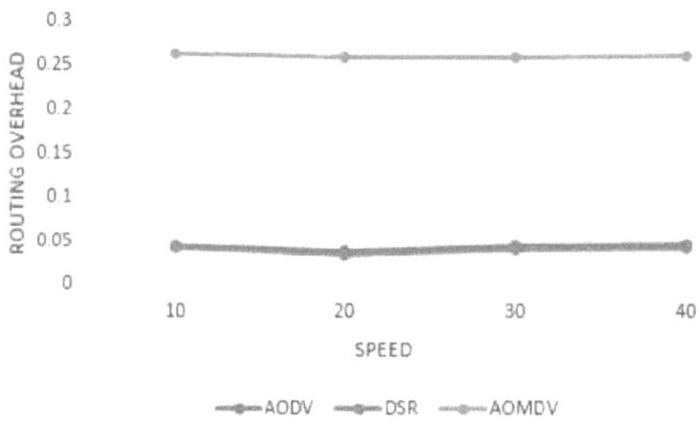

Figura 35: Sobrecarga de encaminhamento vs. velocidade para protocolo reativo com velocidade variável

A sobrecarga de encaminhamento do AOMDV é muito grande em comparação com o AODV e o DSR, com um valor de 0,26, enquanto o AODV e o DSR têm uma pequena sobrecarga de encaminhamento de 0,04.

7.4.2.3 Gráfico de comparação de todos os protocolos com velocidade variável

Comparámos todos os protocolos com todas as métricas de desempenho, variando a velocidade.

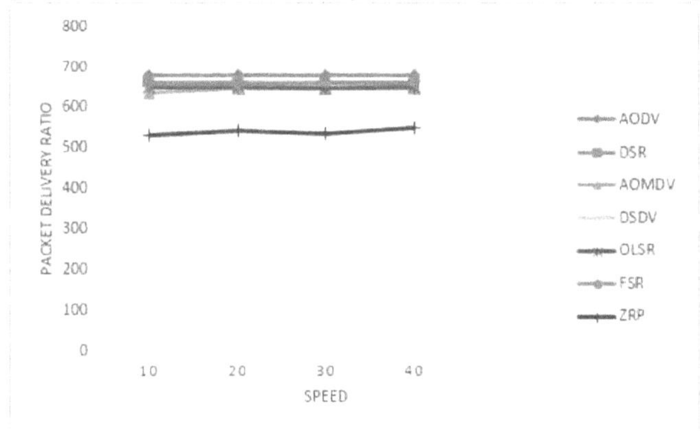

Figura 36: Taxa de transferência vs. velocidade para todos os protocolos com velocidade variável

O ZRP tem a menor taxa de transferência entre todos os protocolos considerados, o que mostra que os protocolos híbridos têm um desempenho fraco em comparação com os protocolos reactivos e híbridos. Entre todos os protocolos considerados, o AODV tem a taxa de transferência máxima.

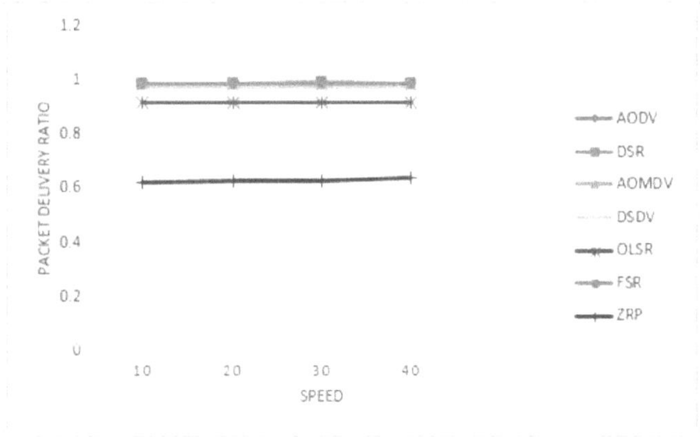

Figura 37: rácio de entrega de pacotes vs. velocidade para todos os protocolos com velocidade variável

O ZRP tem o menor rácio de entrega de pacotes, o que mostra que o rácio de entrega de pacotes do protocolo híbrido é fraco, uma vez que a sua complexidade de conceção se sobrepõe ao desempenho. O FSR e o AODV têm a taxa de entrega de pacotes mais elevada de todos os protocolos.

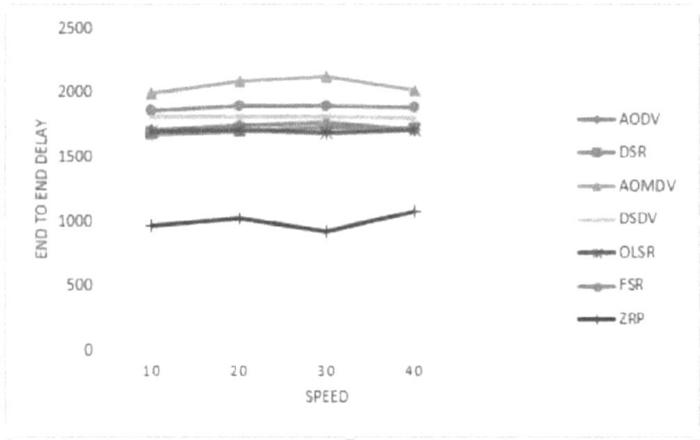

Figura 38: Atraso de extremo a extremo vs. velocidade para todos os protocolos com velocidade variável

O ZRP tem o menor atraso de extremo a extremo e o AOMDV tem o maior atraso de extremo a extremo entre todos os protocolos considerados.

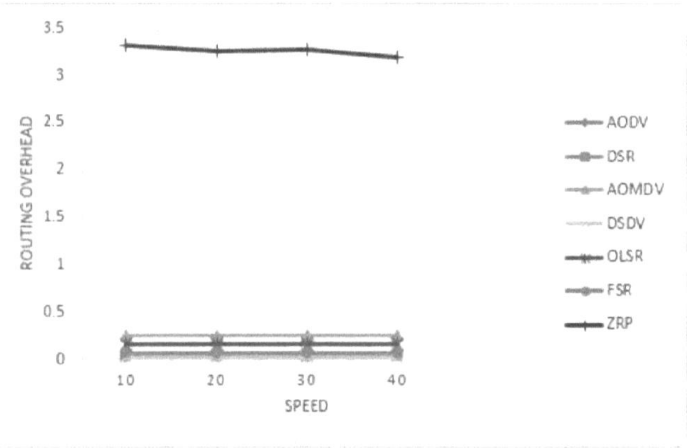

Figura 39: Sobrecarga de encaminhamento vs. velocidade para todos os protocolos com velocidade variável

O ZRP tem um overhead de encaminhamento excecionalmente elevado em comparação com outros protocolos de encaminhamento e o DSDV tem o valor mais baixo.

CAPÍTULO 8

CONCLUSÃO E TRABALHO FUTURO

8.1 Visão geral

Foram efectuados muitos tipos de investigação sobre os protocolos MANET. Na nossa experiência, considerámos sete protocolos de todas as categorias de MANET para fazer um estudo comparativo entre eles. Nesta secção, concluímos a nossa experiência com base na análise gráfica e sugerimos os possíveis trabalhos futuros da nossa experiência.

8.2 Conclusão

Comparámos os protocolos reactivos, proactivos e híbridos com base na sobrecarga de encaminhamento, na taxa de transferência, no atraso de extremo a extremo e na taxa de entrega de pacotes.

No protocolo proactivo, o OLSR apresenta o melhor desempenho em termos de atraso médio de extremo a extremo. Podemos constatar que o OLSR não é uma boa escolha, uma vez que, entre os três, apresenta o menor desempenho em termos de taxa de transferência, taxa de entrega de pacotes e elevada sobrecarga de encaminhamento. O FSR apresenta um melhor débito para nós mais pequenos e diminui drasticamente, enquanto o débito do DSDV não diminui abruptamente em comparação com o FSR com um aumento dos nós. O rácio de entrega de pacotes para a FSR e a DSDV é de quase 90%. A FSR tem o maior atraso de extremo a extremo e a DSDV tem a menor sobrecarga de encaminhamento. Assim, considerando todos os parâmetros, podemos concluir que o DSDV é o melhor dos três protocolos proactivos.

A taxa de transferência do DSDV é mais elevada devido às actualizações incrementais que são geradas em caso de alteração das ligações das rotas activas. A PDR do DSDV é melhor do que a do OLSR, uma vez que o DSDV apenas tem uma pequena fração de pacotes que foram descartados devido a colisões e as rotas são válidas durante mais tempo. O DSDV entrega mais pacotes do que o OLSR porque o DSDV depende de transmissões periódicas e precisa de algum tempo para convergir antes de uma rota poder ser utilizada. Este tempo de convergência é baixo nas redes menos stressantes, em que a topologia não muda com tanta frequência. O OLSR apresenta o melhor desempenho no que respeita ao atraso médio de extremo a extremo. O OLSR reduz a retransmissão através da utilização de retransmissores multiponto. A mensagem TC do OLSR ajuda a evitar o problema da rota obsoleta, facilitando assim uma maior largura de banda e, consequentemente, uma entrega mais rápida dos pacotes. Já no caso do DSDV, sempre que a topologia da rede muda, é necessário um novo número de sequência antes de a rede se reconverter. Além disso, o DSDV precisa de mais tempo para convergir antes de os pacotes poderem ser enviados. Por conseguinte, os buffers estarão quase sempre congestionados.

Nos protocolos reactivos, o AODV tem a melhor taxa de transferência entre todos. O AOMDV tem o rácio de entrega de pacotes mais elevado, com quase 98% de pacotes entregues. Mas tem um grande atraso de extremo a extremo e uma sobrecarga de encaminhamento em comparação com o AODV e o DSR. O AODV e o DSR apresentam um comportamento semelhante.

O AOMDV tem um desempenho superior ao do AODV devido à sua capacidade de procurar rotas alternativas quando uma ligação atual é interrompida. Embora o AOMDV incorra em mais despesas de encaminhamento ao inundar a rede e atrasos nos pacotes devido ao seu mecanismo de descoberta de rotas alternativas, é muito mais eficiente no que respeita à entrega de pacotes pela mesma razão.

Assim, em conclusão, podemos dizer que, quando a tolerância à carga da rede não tem qualquer importância, o AOMDV é um protocolo de encaminhamento a pedido melhor do que o AODV, uma vez que fornece melhores estatísticas de entrega de pacotes e um número de pacotes descartados. Mas se a sobrecarga de encaminhamento for uma preocupação, então o AODV é preferível ao AOMDV.

Comparámos os três tipos de protocolos de encaminhamento. A taxa de transferência do protocolo híbrido é pior. A taxa de entrega de pacotes dos protocolos proactivo e reativo é elevada, mas o ZRP tem uma taxa de entrega de pacotes baixa, que diminui com o número de nós. O atraso de extremo a extremo dos protocolos proactivo e reativo é comparável, mas o ZRP tem o menor atraso de extremo a extremo, o que prova que os protocolos híbridos têm o menor atraso de extremo a extremo. O custo indireto de encaminhamento do protocolo proactivo é o menor, exceto o OSLR, tendo o híbrido o custo indireto de encaminhamento máximo

O ZRP utiliza zonas que são como clusters em vez de utilizar estruturas hierárquicas. O raio da zona é dinâmico e corresponde a alguns saltos até ao qual o ZRP utiliza um esquema proactivo dentro da zona e um esquema reativo fora da zona. Baseia-se em dois procedimentos que são o protocolo de encaminhamento intrazona (IARP) e o protocolo de encaminhamento interzona (IZRP). A complexidade da conceção do ZRP é superior ao seu desempenho. Apresenta um pior desempenho porque é afetado por vários parâmetros como o raio de encaminhamento da zona, o mecanismo de cache onde são mantidas as rotas não utilizadas, ou seja, não tem um mecanismo para expirar as rotas expiradas.

Também vimos, através de resultados simulados, que não há variação ou há uma variação muito ligeira nas métricas de desempenho devido à mobilidade dos nós.

8.3 Trabalho futuro

O teste em tempo real destes protocolos pode ser efectuado utilizando vários dispositivos móveis. Também podemos verificar o desempenho destes protocolos no simulador com base em parâmetros como o tempo de pausa, a velocidade dos nós móveis e o aumento da carga na rede, aumentando o número de pacotes enviados pelo nó de origem.

REFERÊNCIAS

[1] Andrew S. Tanenbaum. Computer Networks, 4ª Edição. PRENTICE HALL, 2002.

[2] Narasimaha, V. B. "A comparação de desempenho de um protocolo de roteamento AODV, DSR, DSDV e OLSR em redes móveis Ad-Hoc". Journal of Computer Applications (JCA) 5.2 (2012): 2012.

[3] Hong, Xiaoyan, Kaixin Xu e Mario Gerla. "Scalable routing protocols for mobile ad hoc networks" [Protocolos de encaminhamento escaláveis para redes móveis ad hoc]. Network, IEEE 16.4 (2002): 11-21.

[4] Royer, Elizabeth M., e Chai-Keong Toh. "A review of current routing protocols for ad-hoc mobile wireless networks." Personal Communications, IEEE 6.2 (1999): 46-55.

[5] Kaur, Harjeet, Varsha Sahni e Manju Bala. "A Survey of Reactive, Proactive and Hybrid Routing Protocols in MANET: A Review." network 10 (2013): 11.

[6] Chen, Tsu-Wei, e Mario Gerla. "Global state routing: Um novo esquema de roteamento para redes sem fio ad-hoc". Comunicações, 1998. ICC 98. Registo da conferência. Conferência Internacional do IEEE de 1998. Vol. 1. IEEE, 1998.

[7] Chiasserini, Carla E., e Ramesh R. Rao. "Protocolos de roteamento para maximizar a eficiência da bateria". MILCOM 2000. Actas da Conferência de Comunicações Militares do Século XXI. Vol. 1. IEEE, 2000.

[8] Garcia-Luna-Aceves, Jose Joaquin, e Marcelo Spohn. "Source-tree routing in wireless networks". Protocolos de Rede, 1999.(ICNP'99) Proceedings. Sétima Conferência Internacional sobre. IEEE, 1999.

[9] Perkins, Charles, Elizabeth Belding-Royer e Samir Das. Roteamento ad hoc on-demand distance vetor (AODV). No. RFC 3561. 2003.

[10] Maltz, David B. Johnson David A. e Josh Broch. "DSR: The dynamic source routing protocol for multi-hop wireless ad hoc networks". Departamento de Ciências da Computação da Universidade Carnegie Mellon Pittsburgh, PA (2001): 15213-3891.

[11] Park, Vincent D., e M. Scott Corson. "Um algoritmo de roteamento distribuído altamente adaptável para redes móveis sem fio". INFOCOM'97. Décima sexta Conferência Anual Conjunta das Sociedades de Computadores e Comunicações do IEEE. Impulsionando a revolução da informação, Proceedings IEEE. Vol. 3. IEEE, 1997.

[12] Guo, Song e Oliver W. Yang. "Performance of Backup Source Routing in mobile ad hoc networks". Wireless Communications and Networking Conference, 2002. WCNC2002. 2002 IEEE. Vol. 1. IEEE, 2002.

[13] C. Siva Ram Murthy e B.S. Manoj. Ad Hoc Wireless Networks Architectures and Protocol, volume ISBN:81-297- 0945-7. Pearson Education, primeira reimpressão indiana, edição de 2005, 2005.

[14] Giannoulis, Spilios, et al. "ZRP versus DSR e TORA: A comprehensive survey on ZRP performance." Tecnologias emergentes e automação de fábricas, 2005. ETFA 2005. 10ª Conferência do IEEE. Vol. 1. IEEE,

2005.

[15] Paul, Hrituparna, e Prodipto Das. "Avaliação de desempenho de protocolos de roteamento MANET". International Journal of Computer Science Issues (IJCSI) 9.4 (2012).

[16] Macker, Joseph. "Redes móveis ad hoc (MANET): Routing protocol performance issues and evaluation considerations." (1999).

[17] Perkins, Charles E., e Pravin Bhagwat. "Encaminhamento de vetor de distância sequenciado por destino (DSDV) altamente dinâmico para computadores móveis". ACM SIGCOMM computer communication review. Vol. 24. No. 4. ACM, 1994.

[18] L. R. Ford Jr. e D. R. Fulkerson, Flows in Networks, Princeton Univ. Press, 1962.

[19] Perkins, Charles, Elizabeth Belding-Royer e Samir Das. Roteamento ad hoc on-demand distance vetor (AODV). No. RFC 3561. 2003.

[20] Johnson, David B., e David A. Maltz. "Dynamic source routing in ad hoc wireless networks". Mobile computing. Springer US, 1996. 153-181.

[21] Johnson, David B. "The dynamic source routing protocol for mobile ad hoc networks." draft-IETF-manet-dsr-09. txt (2003).

[22] NS Manual/Documentação-O Projeto VINT Colaboração entre investigadores da UC Berkeley, LBL, USC/ISI e Xerox.

[23] Tutorial para análise de desempenho baseada em simulação de protocolos de roteamento MANET no ns-2 Por Karthik sadasivam.

[24] Zafar, Haseeb, et al. "Survey of reactive and hybrid routing protocols for mobile ad hoc networks." International Journal of Communication Networks and Information Security (IJCNIS) 3.3 (2011).

[25] Gandhi, Savita, et al. "Scenario-based performance comparison of reactive, proactive & Hybrid protocols in MANET." Comunicação Computacional e Informática (ICCCI), 2012 Conferência Internacional sobre. IEEE, 2012.

[26] Govind. P. Gupta e A. K. Pandey, "Performance Comparison of AdHoc Routing Protocols,"

[27] Gruber, Ingo, Oliver Knauf e Hui Li. "Desempenho de protocolos de encaminhamento ad hoc em ambientes urbanos". Actas da European Wireless. 2004.

[28] Eltahir, Ibrahim Khider. "O impacto de diferentes modelos de propagação de rádio para redes ad hoc móveis (MANET) em ambiente urbano". Comunicações de banda larga sem fios e de banda ultra larga, 2007. AusWireless 2007. A 2ª Conferência Internacional sobre. IEEE, 2007.

[29] Sharma, Ritika, e Kamlesh Gupta. "Análise de desempenho baseada em comparação de tráfego UDP / CBR e TCP / FTP sob o protocolo de roteamento AODV em MANET." International Journal of Computer Applications 56.15 (2012).

[30] Fall, K. & Varadhan, K. The ns Manual (formerly ns Notes and Documentation).Retrieved April 20, 2006 from http://www.isi.edu/nsnam/ns/ns- documentation.html

[31] Pei, Guangyu, Mario Gerla e Tsu-Wei Chen. "Fisheye state routing: Um esquema de roteamento para redes ad hoc sem fio". Comunicações, 2000. ICC 2000. Conferência Internacional do IEEE de 2000. Vol. 1. IEEE, 2000.

[32] Clausen, Thomas, e Philippe Jacquet. Protocolo de roteamento de estado de link otimizado (OLSR). No. RFC 3626. 2003.

[33] Jacquet, Philippe, et al. "Protocolo de encaminhamento de estado de ligação optimizado para redes ad hoc". Conferência Multi-Tópica, 2001. IEEE INMIC 2001. Tecnologia para o século XXI. Actas. IEEE Internacional. IEEE, 2001.

[34] Chaudhry, S. R., et al. "WiMob Proactive and Reactive Routing Protocol Simulation Comparison". Tecnologias da Informação e da Comunicação, 2006. ICTTA'06. 2º. Vol. 2. IEEE, 2006.

[35] Trung, Ha Duyen, Watit Benjapolakul e Phan Minh Duc. "Avaliação do desempenho e comparação de diferentes protocolos de encaminhamento ad hoc". Computer Communications 30.11 (2007): 2478-2496.

[36] Haas, Zygmunt J., e Marc R. Pearlman. "O desempenho dos esquemas de controlo de consultas para o protocolo de encaminhamento de zonas". IEEE/ACM Transactions on Networking (TON) 9.4 (2001): 427-438.

[37] Shah, Samyak, et al. "Avaliação do desempenho de protocolos de encaminhamento ad hoc utilizando a simulação NS2". Computação Móvel e Pervasiva (CoMPC-2008) (2008): 167171.

[38] Mittal, Shaily, e Prabhjot Kaur. "Comparação do desempenho dos protocolos de encaminhamento AODV, DSR e ZRP em MANET's." Avanços em Computação, Controlo e Tecnologias de Telecomunicações, 2009. ACT'09. Conferência Internacional sobre. IEEE, 2009.

[39] Kuppusamy, P., K. Thirunavukkarasu e B. Kalaavathi. "Um estudo e comparação dos protocolos de encaminhamento OLSR, AODV e TORA em redes ad hoc. "Tecnologia de computadores electrónicos (ICECT), 2011 3rd International Conference on. Vol. 5. IEEE, 2011.

[40] Gandhi, Savita, et al. "Scenario-based performance comparison of reactive, proactive & Hybrid protocols in MANET." Comunicação Computacional e Informática (ICCCI), 2012 Conferência Internacional sobre. IEEE, 2012.

[41] Garg, Mukesh Kumar, Dharam Vir, e S. K. Agarwal. "Análise de Simulação dos Protocolos de Roteamento AODV, DSR e ZRP em MANET usando o Simulador QualNet 5.0." Revista Internacional de Publicações Científicas e de Pesquisa 3.3 (2013): 1-6.

[42] Das, Samir R., et al. "Comparative performance evaluation of routing protocols for mobile, ad hoc networks." Computer Communications and Networks, 1998. Actas. 7ª Conferência Internacional sobre. IEEE, 1998.

[43] Murthy, Shree, e Jose Joaquin Garcia-Luna-Aceves. "Um protocolo de roteamento eficiente para redes sem fio". Mobile Networks and Applications 1.2 (1996): 183-197.

[44] Murthy, Shree, e Jose Joaquin Garcia-Luna-Aceves. "Um protocolo de roteamento eficiente para redes sem fio". Mobile Networks and Applications 1.2 (1996): 183 -197.

[45] Chiang, Ching-Chuan, et al. "Routing in clustered multihop, mobile wireless networks with fading channel." proceedings of IEEE SICON. Vol. 97. No. 1997.4. 1997.

[46] Pei, Guangyu, Mario Gerla e Xiaoyan Hong. "LANMAR: landmark routing for large-scale wireless ad hoc networks with group mobility". Actas do 1º simpósio internacional da ACM sobre redes e computação ad hoc móveis. IEEE Press, 2000.

[47] Jiang, Mingliang. "Cluster-based routing protocol (cbrp)." draft-IETF-manet- cbrp-spec-01. txt (1999).

APÊNDICE

Esta secção contém os nossos resultados de vários protocolos de encaminhamento obtidos utilizando o simulador ns2. Os resultados são apresentados sob a forma de tabela, com base na qual foram traçados os gráficos.

QUADROS COMPARATIVOS REACTIVOS

N.º de nós	AODV	DSR	AOMDV
10	680.52	662.13	644.14
20	677.98	660.53	637.21
30	620.23	598.23	623.67
40	620.14	602.12	623.47
50	654.14	634.24	613.26
Média	650.782	631.450	628.350

(A) Produtividade

N.º de nós	AODV	DSR	AOMDV
10	0.994331	0.974901	0.994014
20	0.957566	0.937345	0.987153
30	0.981394	0.979871	0.980845
40	0.977331	0.963234	0.980420
50	0.973178	0.959952	0.976481
Média	0.97676	0.963061	0.983783

(B) Rácio de entrega de pacotes

N.º de nós	AODV	DSR	AOMDV
10	992.746	920.234	1115.08
20	1712.48	1682.23	1999.08
30	2337	2132.45	2362.62
40	2550.65	2489.23	2834.26
50	2311.4	2305.34	2818.35
Média	1980.855	1905.897	2225.878

(C) ATRASO DE EXTREMO A EXTREMO

N.º de nós	AODV	DSR	AOMDV
10	0.005	0.003	0.131
20	0.044	0.041	0.264
30	0.108	0.092	0.414
40	0.204	0.190	0.554
50	0.441	0.696	0.696
Média	0.1604	0.1442	0.4118

(D) Encargos de encaminhamento normalizados

N.º de nós	DSDV	OLSR	FSR
10	656.36	656.85	665.86
20	650.35	649.16	657.96
30	641.66	622.44	639.26
40	634.31	620.67	621.43
50	630.21	609.42	596.39
Média	642.60	631.708	636.18

(A) Rendimento

N.º de nós	DSDV	OLSR	FSR
10	0.987642	0.95157	0.994208
20	0.974409	0.914017	0.987553
30	0.96087	0.863729	0.981519
40	0.951194	0.831129	0.973902
50	0.941408	0.801942	0.972711
Média	0.963033	0.872477	0.981979

(B) Rácio de entrega de pacotes

N.º de nós	DSDV	OLSR	FSR
10	1003.27	958.026	998.244
20	1809.94	1700.86	1855.43
30	2144.66	1918.38	2295.7
40	2236.32	1927.97	2548.81
50	2319.08	1996.89	2880.14
Média	1902.654	1700.425	2115.665

(C) Atraso de extremo a extremo

N.º de nós	DSDV	OLSR	FSR
10	0.012	0.082	0.034
20	0.028	0.162	0.069
30	0.043	0.275	0.107
40	0.060	0.364	0.147
50	0.074	0.442	0.192
Média	0.217	0.265	0.1098

(D) Encargos de encaminhamento normalizados

QUADROS COMPARATIVOS GLOBAIS

N.º de nós	AODV	DSR	AOMDV	DSDV	OLSR	FSR	ZRP
10	680.52	662.13	644.14	656.36	656.85	665.86	618.60
20	677.98	660.53	637.21	650.35	649.16	657.96	531.47
30	620.23	598.23	623.67	641.66	622.44	639.26	414.20
40	620.14	602.12	623.47	634.31	620.67	621.43	272.99
50	654.14	634.24	613.26	630.21	609.42	596.39	130.31
Média	650.782	631.450	628.350	642.60	631.708	636.18	393.514

(A) Rendimento

N.º de nós	AODV	DSR	AOMDV	DSDV	OLSR	FSR	ZRP
10	0.994331	0.974901	0.994014	0.987642	0.95157	0.994208	0.86715
20	0.957566	0.937345	0.987153	0.974409	0.914017	0.987553	0.619316
30	0.981394	0.979871	0.980845	0.96087	0.863729	0.981519	0.384932
40	0.977331	0.963234	0.980420	0.951194	0.831129	0.973902	0.197485
50	0.973178	0.959952	0.976481	0.941408	0.801942	0.972711	0.077681
Média	0.97676	0.963061	0.983783	0.963033	0.872477	0.981979	0.429314

(B) Rácio de entrega de pacotes

N.º de nós	AODV	DSR	AOMD V	DSDV	OLSR	FSR	ZRP
10	992.746	920.234	1115.08	1003.27	958.026	998.244	892.83 5
20	1712.48	1682.23	1999.08	1809.94	1700.86	1855.43	963.17 8
30	2337	2132.45	2362.62	2144.66	1918.38	2295.7	518.17 2
40	2550.65	2489.23	2834.26	2236.32	1927.97	2548.81	498.48 8
50	2311.4	2305.34	2818.35	2319.08	1996.89	2880.14	0

| Média | 1980.85 5 | 1905.89 7 | 2225.87 8 | 1902.65 4 | 1700.42 5 | 2115.66 5 | 574.53 4 |

(C) ATRASO DE EXTREMO A EXTREMO

N.º de nós	AODV	DSR	AOMDV	DSDV	OLSR	FSR	ZRP
10	0.005	0.003	0.131	0.012	0.082	0.034	0.154
20	0.044	0.041	0.264	0.028	0.162	0.069	0.345
30	0.108	0.092	0.414	0.043	0.275	0.107	0.512
40	0.204	0.190	0.554	0.060	0.364	0.147	0.782
50	0.441	0.696	0.696	0.074	0.442	0.192	0.963
Média	0.1604	0.1442	0.4118	0.217	0.265	0.1098	0.5512

(D) Encargos de encaminhamento normalizados

QUADROS COMPARATIVOS REACTIVOS

Velocidade (m/s)	AODV	DSR	AOMDV
10	677.98	660.53	637.21
20	678.13	659.59	646.1
30	678.43	659.03	645.08
40	678.38	658.32	646.49

(E) Capacidade de produção

Velocidade (m/s)	AODV	DSR	AOMDV
10	0.987566	0.987345	0.987153
20	0.986765	0.984343	0.987229
30	0.987884	0.989414	0.987208
40	0.987634	0.987945	0.987498

(F) Rácio de entrega de pacotes

Velocidade (m/s)	AODV	DSR	AOMDV
10	1712.48	1682.23	1999.08
20	1749.21	1705.23	2092.67
30	1764.41	1734.18	2124.3
40	1714	1723.52	2024.63

(G) ATRASO DE EXTREMO A EXTREMO

Velocidade (m/s)	AODV	DSR	AOMDV
10	0.044	0.041	0.264
20	0.037	0.034	0.259
30	0.044	0.039	0.26
40	0.046	0.041	0.261

(H) Encargos de encaminhamento normalizados

QUADROS COMPARATIVOS PROACTIVOS

Velocidade (m/s)	DSDV	OLSR	FSR
10	650.35	649.16	657.96
20	656.46	649.61	659
30	658.25	648.11	660.82
40	653.5	649.93	659.13

(E) Capacidade de produção

Velocidade (m/s)	DSDV	OLSR	FSR
10	0.974409	0.914017	0.987553
20	0.974734	0.913913	0.987668

| 30 | 0.974369 | 0.913676 | 0.987702 |
| 40 | 0.974436 | 0.914447 | 0.987607 |

(F) Rácio de entrega de pacotes

Velocidade (m/s)	DSDV	OLSR	FSR
10	1809.94	1700.86	1855.43
20	1820.09	1717.17	1889.13
30	1816.72	1690.55	1895.39
40	1800.51	1711.49	1884.51

(G) ATRASO DE EXTREMO A EXTREMO

Velocidade (m/s)	DSDV	OLSR	FSR
10	0.028	0.162	0.069
20	0.026	0.162	0.069
30	0.027	0.163	0.069
40	0.026	0.161	0.069

(H) Encargos de encaminhamento normalizados

QUADROS COMPARATIVOS GLOBAIS

Velocidade (m/s)	AODV	DSR	AOMDV	DSDV	OLSR	FSR	ZRP
10	677.98	660.53	637.21	650.35	649.16	657.96	531.47
20	678.13	659.59	646.1	656.46	649.61	659	543.92
30	678.43	659.03	645.08	658.25	648.11	660.82	534.42
40	678.38	658.32	646.49	653.5	649.93	659.13	549.53

(E) Produtividade

Velocidade (m/s)	AODV	DSR	AOMDV	DSDV	OLSR	FSR	ZRP
10	0.987566	0.987345	0.987153	0.974409	0.914017	0.987553	0.619316
20	0.986765	0.984343	0.987229	0.974734	0.913913	0.987668	0.625904
30	0.987884	0.989414	0.987208	0.974369	0.913676	0.987702	0.624029
40	0.987634	0.987945	0.987498	0.974436	0.914447	0.987607	0.635043

(F) Rácio de entrega de pacotes

Velocidade (m/s)	AODV	DSR	AOMDV	DSDV	OLSR	FSR	ZRP
10	1712.48	1682.23	1999.08	1700.86	1700.86	1855.43	963.178
20	1749.21	1705.23	2092.67	1717.17	1717.17	1889.13	1019.01
30	1764.41	1734.18	2124.3	1690.55	1690.55	1895.39	920.235
40	1714	1723.52	2024.63	1711.49	1711.49	1884.51	1084.29

(G) ATRASO DE EXTREMO A EXTREMO

Velocidade (m/s)	AODV	DSR	AOMDV	DSDV	OLSR	FSR	ZRP
10	0.044	0.041	0.264	0.028	0.162	0.069	3.311
20	0.037	0.034	0.259	0.026	0.162	0.069	3.245
30	0.044	0.039	0.26	0.027	0.163	0.069	3.27
40	0.046	0.041	0.261	0.026	0.161	0.069	3.182

(H) Encargos de encaminhamento normalizados